Las Discurrias y sus "Sin Cuenta" What's Up

Anécdotas que te harán reír, emocionarte y atesorar a tus amigas

CATHERINE PARKER LARRAÑAGA

Las Discurrías y sus "sin cuenta" What's Up
©Catherine Parker Larrañaga, 2021

Primera edición, Mayo 2017
Segunda edición, Abril 2021

Protegido según Derecho Autor registro
N°276.524 DDI
(Departamento Derechos Intelectuales /
Chile)

Queda prohibido la reproducción parcial o total de esta obra por cualquier medio o procedimiento, así como la distribución de ejemplares mediante arriendo o préstamo público.

ISBN 978-956-393-082-5

Con profundo agradecimiento a mis queridas amigas que hacen más llevadero mi día a día, más alegres mis mañanas y menos solitario el recorrido de este camino llamado vida, un camino que a veces tiene piedras y baches, pero que, con ellas como copilotos, los alcanzo a esquivar.

A mi marido e hijos que me dan el espacio de silencio para escribir y me animan a seguir adelante.

A Juan Villar Padrón, por esta singular y sugerente portada.

A María Esther Segura, de www.reinventatemujer.cl quién me animó a publicar estas líneas que hoy comparto con ustedes y a Emilio Filippi (Q.E.P.D) por sus inolvidables palabras de motivación para concretar mi camino como escritora.

Índice

Introducción..9
  1. ¿Quiénes Somos?....................15
  2. La primera lluvia de WSP..............29
  3. Mi obsesión por el canasto de mimbre........39
  4. Generosas Discurrías..................47
  5. La sede de Reñaca....................53
  6. El día del registro civil..................63
  7. Los souvenir de viaje..................67
  8. Nuestras fotos compartidas.............73
  9. Nuestras sesiones de tejidos............79
  10. La moda al día con Dany.............85
  11. Otra de tantas vigilias nocturnas..........91
  12. El corazón de PatyS..................97
  13. DiscurriGira al Sur..................105
  14. Nuestro lado oscuro................111
  15. Laguna mental....................125
  16. Los 384 wsp......................131
  17. La gran herramienta de este siglo........157
Agradecer la amistad...................163
Otros libros de la autora................167

Introducción

"Discurría"

Extraño término que proviene de la palabra "discurrir". Con más de un significado, el que nos compete en estas líneas tiene que ver con el uso de la inteligencia que hace una persona para resolver, en forma creativa y sagaz, un problema o circunstancia compleja de enfrentar.

Dicha persona es capaz de idear, con astucia, una solución práctica y efectiva para zanjar cualquier inconveniente.

Acá nos referiremos a siete *"Discurrías"* mujeres, cuyas anécdotas muestran la visión refrescante y única que tienen de la vida cotidiana y cómo, de manera creativa e inteligente, enfrentan ese día a día.

¿Por qué nos autodenominamos "Discurrías"?

Tal como fue definido, la palabra "discurría" no está escrita en el diccionario de la Real Academia, sin embargo, existe la palabra "discurrir", cuyos sinónimos son: caminar, correr, ir, fluir, pasar, transitar. Si le asignamos estos significados a una persona de carne y hueso, podríamos decir que alguien *"discurrío"* camina, corre, va y transita por la vida con total fluidez. En los campos chilenos, se usa mucho la palabra "discurría" para definir a una persona que es inteligente, ingeniosa y capaz de resolver cualquier problema o situación con el uso de una genial y práctica idea.

La razón por la cual nuestro grupo de amigas se autodenomina *"Las Discurrías"*, es por la gran capacidad creativa que tiene cada una para enfrentar diversas situaciones. A veces, quedo realmente sorprendida de las cosas que se nos ocurren respecto de recetas de cocina, tejido, pintura, salud, marido e hijos, mascotas, aseo del hogar, decoración, tecnología, moda y un infinito etcétera. Aunque yo también soy bastante *"discurría"*, debo reconocer que ellas me superan.

Son innumerables los ejemplos de ingenio para resolver instancias como subir al decimoctavo piso sin ascensor, encontrar las joyas cuando olvidas donde las escondes al irte de viaje, y darle alivio efectivo al dolor de esas molestas aftas en la boca. En estas líneas compartiré con ustedes algunos de esos ejemplos, además de otras divertidas anécdotas que componen las rutinas diarias.

Los inicios

Todo comenzó en Facebook con el re encuentro de una amiga de la infancia. En mi adolescencia tuve la oportunidad de compartir, con ella y sus hermanas, algunas escapadas y veraneos que habían dejado huellas positivas y gratos recuerdos en nuestras vidas. Fue así, como después de compartir varios cafés, me enteré que integraba un grupo de amigas con las cuales se juntaba cada semana a tejer. Como soy algo insistente le pedí que me invitara a participar de esas tertulias tejidas punto a punto y palabra a palabra. De tanto pedir, se hizo realidad el convite.

Ella y sus hermanas me conocían, pero las demás sin saber nada de mí, decidieron arriesgarse y aceptarme. Generoso corazón tuvieron porque, desconociéndome por completo, se lanzaron al abismo incierto de mi personalidad. De hecho, una de ellas se oponía a que una nueva integrante pudiera desestabilizar su armonía. Aun así, abrieron sus puertas y ahí estaba yo, siendo parte de esa selecta comisión de damas. Y desde el primer momento todo fluyó de forma espontánea. Era como si siempre hubiésemos sido eternas amigas de infancia, compañeras de colegio y excelentes vecinas.

La excusa para vernos, a lo menos una vez a la semana, era tejer, pero el pretexto real era compartir, acompañarnos, ser infidentes, ayudarnos y aconsejarnos; en fin, todo aquello que hacemos las mujeres cuando nos reunimos en torno a una diáfana amistad.

Ellas inspiran estas líneas, que no son más que una descripción del vertiginoso día a día compartido vía WhatsApp cuando no podemos estar juntas; son mensajes repletos de humor que nos mantienen unidas, acompañándonos y cultivando nuestros lazos.

1
¿Quiénes Somos?

1
¿Quiénes Somos?

Les presentaré a mis queridas *"Discus"*, así nos decimos en forma abreviada. Somos siete; ¡gran numero!, el de la buena suerte como dice la superstición. Y en nuestro caso, así es. Tenemos suerte de estar juntas y disfrutar de la compañía de cada una y, cuando la situación nos impide estar reunidas, de los oportunos y asertivos mensajes.

Comenzaré hablándoles de Berna; mi anfitriona, la *"Discu"* que me incorporó a esta selecta mini colectividad de "adultas jóvenes" repletas de buenas vibras.

ಌ

Bernardita

Berna es un poco mayor que yo; apenas tengo 47 años. No daré su edad exacta ya que no sería muy cortés de mi parte. Por educación, jamás se dice la edad que tiene una mujer, es mejor intentar adivinarlo. A veces nos va bien en este juego de la asertividad, porque en ocasiones nos dicen que aparentamos menos años de los que en realidad tenemos y cuando eso pasa, la felicidad nos invade; solo por un rato, claro, porque el espejo y las canas no mienten.

Volviendo a Berna, podemos decir que es una mujer muy buena moza, siempre bien combinada, maquillada y arreglada. De cabello castaño claro, tez blanca y mediana altura. Le encanta la danza árabe, la que practica metódicamente todas las semanas. Fanática del orden y la limpieza del hogar. Se le nota al hogar y a ella, siempre de punta en blanco, aunque no es éste el color que más usa porque le encantan los vívidos; azulinos, verdes, calipsos y rojos. Ella es la expresión del color en sí misma. No en vano es pintora.

Su intensa mirada azul, delineada a la perfección, transmite con fuerza lo que a veces no dicen sus palabras. Es muy buena para la chacota; cada historia que nos cuenta está repleta de humor y aunque a veces la situación no es muy cómica, las bromas afloran para distender la realidad. Siempre es grato compartir el tejido, un café, un té o simplemente un vaso de agua para conversar con ella.

Tiene tres hijos grandes; hombres, hechos y derechos que ya no paran en casa, lo que le ha permitido mejorar el orden y aseo de algunos rincones del hogar. Uno de sus hijos ya emprendió el vuelo a vivir con unos amigos en un departamento que comparten. Otro se fue a Canadá, lo que le deja a un solo pajarillo en el nido. Porque hablando de nido, es difícil vivir el síndrome del nido vacío o el síndrome de que se te vacía el nido o del nido que se te empieza a vaciar; bueno, pónganlo en el orden que quieran porque el resultado es el mismo: te vas quedando sin hijos en casa porque se echan a volar como parte de la ley de la vida. Berna lo ha tomado bastante bien. Igual le han caído algunas lágrimas, porque siempre es emocionalmente fuerte ver cómo pasa nuestra vida a través de los hijos, pero también es agradable tener más espacio para el romance sin distractores y darle un nuevo uso a las habitaciones que van quedando disponibles. En su caso, esos lugares se convirtieron en taller para poder pintar, a sus anchas, nuevas obras de arte. Qué feliz se sentía al poder tener un rincón propio en donde poder plasmar el color y la imaginación. Es una gran artista.

ಬ

Gabby

Si seguimos por orden de edad, de mayor a menor, tenemos que hablar de Gabby. A Berna solo la puse en primer lugar porque fue mi anfitriona, pero no quiere decir que sea la mayor. Y aunque ya di datos referenciales de mi edad y de Berna, Gabby encabeza la lista si de años estamos hablando. Vayan ustedes sacando cuentas del promedio de edad de las integrantes. Les recuerdo que decir los años que tiene una mujer es una falta de cortesía y yo no faltaré a esa regla de educación.

Gabby, otra agraciada mujer, siempre está bien emperifollada y perfumada. No sé cómo lo hace, pero acierta a la perfección con la mejor combinación de moda.

Esta mujer vive volando por los aires nacionales e internacionales, y la razón es muy simple: su esposo es piloto comercial de una importante línea aérea del país. ¡Qué suerte la de ella!. A veces, de la noche a la mañana nos informa que se va de viaje: Miami, el Báltico, Puerto Rico, Tahití o cualquier destino al cual Jaime, su marido, pueda conseguir cupo y le pida compañía. Lo pasa "pésimo", irónicamente hablando por supuesto. Disfruta de cada milla recorrida por aire y por tierra. No sé si hay algún rincón del planeta que le falte conocer. Junto a su comandante ha tenido la oportunidad de visitar lugares extraordinarios entre los que podemos mencionar la hermosa ciudad de Capadocia en donde también pudo volar en globo, claro que esta vez, no fue Jaime quien piloteó.

Su familia es prioridad. Tiene tres hijos: dos estupendas mujeres que ya volaron del nido y un guapo varón que podría modelar para Calvin Klein. Dice que seremos consuegras algún día; de ser así, prometo escribir esa historia.

Tiene capacidad para tejer piezas de gran belleza, e interesantes dotes culinarios; de tanto en tanto nos da algunas buenas recetas de cosas ricas que preparó.

൞

Lily

Cariñosa y divertida. Es como una buena hermana mayor, atenta y disponible. Con su pelo castaño revoltoso y revolcado por el viento, menuda, pequeña y de protector abrazo, es la mezcla perfecta de humor, simpatía y seria reflexión cuando uno lo necesita. La conozco hace poco, pero siento que tenemos una especial conexión. A veces sin decir nada, basta una mirada para encontrar complicidad. Y aunque suave y delicada, también tiene un fuerte y determinado carácter que la hace expresar con claridad sus pensamientos y puntos de vista. No le vienen con cuentos.

Tiene una gran capacidad manual con las telas. Hace costuras increíbles. Su hijo, ya en su último año escolar, le pidió unos disfraces para una actividad: el tema era Kunfu Panda. Esta mujer dejó de dormir cuatro noches seguidas para poder superar al verdadero protagonista de la película animada, y lo logró. Probablemente hay miles de otras confecciones que desconozco por ahora, sin embargo, ésta era de tan alto nivel de producción que de seguro podría trabajar como vestuarista en la Opera de Paris o en el Teatro Municipal de Santiago.

Disfruta mucho de las plantas lo que a veces le da el impulso de creerse paisajista y remodelar cuanto macetero encuentra en su departamento. Se pone a trabajar como si se tratase de una superficie de cinco mil metros cuadrados de jardines. Es intensa y especial, es de esas personas a las que uno quiere de inmediato.

ෲ

Las Patricias.

Tenemos a dos en este "DiscurriGrupo", así es que las identificaré como PatyS y PatyG

PatyS

Esta mujer está repleta de mística, grandes pensamientos y sabios consejos. Es fuerte emocionalmente hablando, pero algo frágil en salud. Sé que, en el pasado, aquel en el cual yo no participaba aún, tuvo varios problemas, pero ha salido adelante poco a poco gracias a la ayuda médica, a su fortaleza y a sus propios cuidados energéticos.

Es juiciosa, observadora, analítica y reservada. Muy respetuosa y atenta a lo que sucede a su alrededor. Su gran sensibilidad acoge de inmediato y aunque pueda no conocerte mucho, descubre en tu mirada lo que puedas estar sintiendo. Impresiona cuando llegas a su casa y con solo una ojeada sabe que vienes decaída o triste, y entonces te da un abraza repleto de sus buenas vibras. Tiene conexiones sobrenaturales que van más allá de nuestro entendimiento; eso me une mucho a ella.

Ama profundamente a su familia y es una muy dedicada madre y esposa. Dos hermosas hijas, grandes e independientes. Extraña mucho a una en particular que vive fuera del país, pero qué se puede hacer, los días de independencia de los hijos llegan y nada impide su despegue. La otra, aún vive con ellos, pero su estadía en el hogar ya va en cuenta regresiva. No es algo que a PatyS le complique demasiado, sabe que esa es la ley de la vida y la acepta y asume con total naturalidad. Incluso transmite mucha sabiduría para enfrentar ese momento a las que ya lo están viviendo y para quienes llegaremos muy pronto a vivirlo. Es una fuente inagotable de lúcidos consejos. Es como esas páginas web repletas de pensamientos profundos del Tíbet. Seguro que en su otra vida fue una especie de Dalai Lama femenino. Su onda, su aura, su energía, son únicos.

Cuando decimos "pastelera a tus pasteles", es porque esta mujer hace justamente eso; ricos pasteles, tortas, kuchenes, alfajores y cuanta cosa dulce y salada se le ocurren. Siempre podrán pedirle una receta de lo que sea, porque de seguro la tendrá. Y si quieren algo más sofisticado, ella recurrirá al libro sagrado de su abuela. Me asombré al ver ese cuaderno repleto de recetas, escrito a puño y letra de su querida *Oma*. Es una reliquia manuscrita de fórmulas culinarias. Un tesoro.

☙

PatyG

Esta rubia, pequeña y menuda PatyG es otro encanto de mujer. Divertida, sencilla, acogedora y tremenda anfitriona, es un real descubrimiento en mi vida. Tiene un corazón gigantesco dispuesto a escuchar y amparar a todo aquel que lo necesite, sin importar el tiempo que eso le lleve ni a la hora del día que eso ocurra. No dudará en salir corriendo a recoger tus pedazos si estás destruida o inmersa en el dolor. Ella estará ahí regalando una de sus amplias sonrisas que suben el ánimo.

Se ve frágil, pero es fuerte, muy fuerte. Se defiende muy bien y no dejará que nada ni nadie pase a llevar a alguno de los suyos. Eso me gusta en ella, porque además de la gran dulzura de persona que es, uno sabe que cuenta con una amiga honesta y capaz de pelear por ti.

Ha atravesado duras pruebas debido a su salud. Casi, casi la perdemos, pero Dios sabía que tenía mucho que dar en esta vida y nos la dejó por más tiempo. Ese milagro me dio el privilegio de conocerla.

¿Su estilo?, el moderno y jovial blanco y negro. Ama esos colores y se ve estupenda usándolos; sofisticada y elegante. Su pelo liso e impecablemente peinado le dan un aire de chica adolescente.

Sus hijas y su marido son su total preocupación. Sabe que la vida es un suspiro y que hay que disfrutarla, equilibrando muy bien familia y amigas, eso nos permite gozar de tenerla con nosotras.

☙

Daniela

Hablemos ahora de la más pequeña y joven del grupo. Ese remolino llamado Dany. Todo el día como trompo girando y girando. Supermercado, niños, casa, compras de moda, auto al taller, remodelación, clases de pintura, el evento social de la empresa del marido, el maestro que no llegó, la nana que nuevamente faltó y finalmente: al quiropráctico, porque con todo lo que hace, los huesos y las tensiones en el cuello la tienen destruida. Es un torbellino de mujer que no se detiene en todo el día, sin embargo, creo que es el ritmo de vida que le gusta tener, porque si la amarráramos para que se quedara quieta, buscaría la forma más ingeniosa de desatarse y seguir girando aceleradamente. Ella es así. Intensa, dedicada y preocupada hasta el estrés. Además, una gran luchadora. Salió adelante junto a sus hijos después de una ruptura matrimonial, tema que jamás será fácil para nadie, como tampoco lo fue para ella. Pero la vida premió su esfuerzo, su entrega y dedicación como madre, dándole una nueva oportunidad para ser feliz. Puso en su camino a un hombre maravilloso, que la adora y cuida. Y de tener dos hijos pasó a tener tres, pues hizo suyo sin pensar, al hijo de Alejandro.

Dany irradia energía y color. Se viste siempre con tonos alegres, luminosos y llamativos. El tema del color y la buena combinación debe ser algo genético, porque al igual que sus hermanas, Gabby y Berna, siempre se ve estupenda y a la moda. Es también una gran pintora. Sus cuadros son verdaderas obras de arte, dignas de exposición. Me he hecho acreedora de varios de ellos, igual que de algunos de Berna. Es muy generosa con ese don, compartiéndolo y enseñando. Dany es una simpatía de mujer: alegre, cariñosa y con una gran capacidad de ser oreja si el caso lo amerita.

ଓ

Yo

¿Quién soy yo? Otra más del grupo. Muy pocos me llaman por mi nombre. El apodo de *"Bruja"* se ha transformado casi en mi nombre de pila. Tal vez porque soy algo estricta, pero, según yo, siempre justa en mi actuar y pensar. Aunque más allá de un carácter dominante, eso de Bruja es porque tengo una fina capacidad de anticipar ciertas situaciones, y cuando digo que algo pasará, pasa; es una de mis virtudes sobrenaturales.

Me creo flaca, pero ya me sobran algunos kilos que no los tenía cuando me casé. La excusa para esto es que "el metabolismo nos cambia". Me encanta usar esa evasiva de la realidad, pero para ser honesta, la boca más abierta y la vida más sedentaria son los responsables del sobrepeso. Pero además de un rollito por aquí y otro por allá, *"tan peor"* no estoy.

Soy "re" simpática, aunque sea yo quien lo diga. Trato de tomar la vida con ligereza para poder disfrutarla con mayor intensidad. Solo por las cosas importantes vale la pena estresarse, por el resto no me preocupo; desorden, menús repetidos o algún dolor de huesos no me quitarán el sueño. Incluso he decidido no ver noticias, porque como dice una amiga, *"de las cosas terribles nos informaremos igual por cualquier medio"*.

Me considero cariñosa, buena oreja para quien lo necesite e intento dar el mejor consejo si me es solicitado. Tengo cuatro hermosos hijos que me quitan la respiración. Y me la quitan por alegrías y por rabias, como a toda madre de adolescentes. En todo caso, agradecida de Dios porque son sanos y buenos. Ya son grandes e independientes, lo que me deja más tiempo para mí y para regalonear a mi amado constructor y hombre de mi vida. Él es un gozador: viajar, navegar y la buena comida son su fórmula de la felicidad, esa fórmula que comparte con todos, haciéndonos disfrutar de las cosas simples. Un buen destino, suave brisa y un rico asado, son la mezcla perfecta para ser feliz.

Fanático del fútbol, pero ¡muy fanático! Viaja por el mundo tras la "roja de todos", es decir, la camiseta de la selección chilena. Esa pasión que comparte profundamente con nuestro hijo, los ha llevado a recorrer el mundo tras una pelota. El mundial de Sud África fue uno de los momentos más gloriosos para ambos, porque llegar hasta allá para disfrutar del mejor futbol del mundo, en un escenario como ese, era cumplir un sueño.

Pablo, nuestro hijo, es un tremendo futbolista, sin embargo, después que la rótula de su pierna izquierda se lesionara, vio truncado su deseo profesional de hacer, de ese deporte, su carrera. Su pasión quedó relegada a las ligas menores. Hoy está abocado a sus estudios.

Con mis tres hijas a veces disfrutamos del Shopping, porque no soy muy fanática de esta actividad. Prefiero compartir un rico café helado, unas papas fritas recién hechas o una buena película en el cine.

Cata, la mayor estudia odontología. Es muy responsable y casi mi clon; asume mi rol cuando no estoy en casa, lo que a veces le otorga el título de *"latera"* entre los hermanos, porque nadie quiere ser reprendido si no está mamá para hacerlo. Linda ella, que hace de mamá en mi ausencia.

Mi Pacita, feliz en su carrera de diseño. Es una mujer de gran carácter y ánimo para todo. Es entusiasta y siempre tiene una mirada positiva de todo lo que sucede. Es igual a su papá; alegre, positiva y preocupada.

Coté, solo a meses de egresar del colegio, está absolutamente sumergida en la preparación de la famosa PSU (Prueba de Selección Universitaria). Su idea es estudiar periodismo. Está *"pintada"* para esa carrera. La imagino inundando las pantallas con su belleza interna y externa. El tiempo le mostrará el camino y ya veremos en qué área del periodismo se desarrolla. Lo fundamental ahora, es que elija lo que le apasiona, porque así, lo hará con dedicación y total entrega.

Con Pablo, llevamos veinticuatro años de feliz matrimonio. Remamos en equipo sobre este bote llamado "familia", y aunque a veces pareciera que perdemos el rumbo, siempre uno de los dos lo re dirige para llegar a puerto. Soy una agradecida del hombre que tengo a mi lado. Buen papá, buen dueño de casa, cariñoso, amoroso, preocupado y últimamente con treinta kilos menos, ¡todo un adonis! Somos una familia normal que se mantiene unida con las bendiciones de Dios y el esfuerzo de ambos.

Ahora que ya les he presentado a cada una de las Discurrías, la invitación es a sumergirse en nuestro día a día y compartir algunos de los momentos que nos unen. Mi intención es que, entre las situaciones divertidas, complejas o dolorosas que nos conectan, descubramos la importancia de la amistad entre mujeres; esa amistad que acoge, sana y alegra la vida y que en muchos casos nos ahorra una gran suma de dinero evitándonos algunas terapias.

2
La primera lluvia de WSP

2
La primera lluvia de WSP

Y aquí vamos. Fue una mañana, que cuando al despertar reviso mi celular, quedo impactada con la cantidad de mensajes que habían enviado mientras dormía: 114 wsp. "¡Ah no, se pasaron!" Pero estas locas son tan divertidas al escribir y contar sus cosas que dije: "ya que es temprano, (7:30 de la mañana) los leeré todos sin pedir resumen".

A veces, el quehacer de la vida no me deja mucho tiempo disponible para leer con detención cada uno de los comentarios, consejos, sugerencias, novedades y anécdotas de mis queridas Discurrías, entonces, es cuando pido que alguna de ellas haga un resumen de todo lo dicho. Pero esta vez, y gracias a que en esta etapa de mi vida tengo la suerte de tener un excelente "auspiciador", quien cubre todos los gastos familiares y personales, puedo quedarme un rato más en cama antes de comenzar las tareas domésticas que una buena dueña de casa debe hacer. Ya hace varios años que "colgué los guantes"; renuncié al mercado laboral remunerado y a los altos cargos ejecutivos, para dar paso a ser la *Gerenta de operaciones domésticas*. Organizo todo lo que al hogar se refiere: aseo, compras de supermercado, coordinación de horas médicas, guardia de seguridad, taxista en ocasiones (aunque este ítem ha disminuido su demanda gracias a la mayoría de edad de mis hijos y la existencia de Uber). También ejerzo roles más sofisticados como psicóloga temporal, médico de cabecera y en fin, todo lo que una buena madre trata de hacer. Y digo "buena", porque eso trato de ser todos los días, la mejor de las mamás.

Pues bien, con la decisión de flojear un poco más de tiempo enredada entre las sábanas, comencé a leer todo lo que estas chifladas y entretenidas amigas habían escrito en el grupo de wsp de "Discurrías Ltda S.C".

Las siglas "LTDA" (abreviación de la palabra limitada) es porque somos una sociedad limitada en cantidad de miembros: solo somos y seremos siete "hasta que la muerte nos separe". Además, somos "S.C" ya que somos una "sociedad conocida" por muchos; somos casi una marca registrada. Hay varias que quieren ser un miembro más, pero los cupos están completos. Somos como la versión chilena de *"Sex and The City"*, pero más condimentada y algo menos glamorosa y exótica. Tenemos algunos parecidos con esas extraordinarias actrices: las ganas de viajar a Abudabi y el apellido de una de sus protagonistas.

Volviendo a los 114 wsp de mis queridas Discurrías, que me habían hecho reír con ganas, decidí hacerles un resumen de todo lo escrito a mi modo y estilo literario.

He aquí la síntesis de sus 114 WSP

"Holaaaaaa, buenos días queridísimas Discus.... Ayer desaparecí del wsp porque entre pierna peluda (alias mi marido por supuesto), compras de supermercado, encuentro Madre e Hija en el colegio y el libro que me estoy leyendo, se me pasó volando el día y no me había dado cuenta de la cantidad de mensajes que tenía de ustedes en mi celular.

Les cuento que me estoy leyendo un libro demasiado bueno....se los recomiendo, ¡tienen que leerlo!. Son historias de la vida real; misteriosas, divertidas, intrigantes, con relatos de momentos también difíciles, pero lo mejor, es la cuota de humor que se describe en cada situación. Ayer alcance a leer 114 paginas. Siempre voy leyendo un poco, porque invariablemente hay un buen dato, un buen consejo y algo práctico que incluso uno puede hacer. Se los recomiendo. Lo más genial es que viene con ilustraciones y fotos... demasiado entretenido. ¿Les cuento de que se trata?"

Y en este punto ya todas estaban muy intrigadas: me pedían el título del libro, el autor y algo de su contenido para ver si podrían comprarlo. Me pedían con mucha ansiedad e insistencia que les contara de que se trataba y entonces continué sin hacer ninguna pausa.

"Acá les cuento algo de su trama: es la historia de siete geniales e intensas amigas. Es como un compendio de anécdotas de cada una, entrelazado con la vida cotidiana y familiar.

Entre alguna de sus chistosas historias, sobresale una que narra que cuando se va de viaje fuera del país, siempre escon-

de sus joyas para dejarlas muy seguras en casa. Sin embargo, al regresar, no sabe en qué lugar las ocultó. Lo pasa tan bien en el viaje que pierde la memoria de lo cotidiano. Entonces, una de las amigas que es muy inteligente, le da un buen consejo: le sugiere que cuando las oculte, se envíe un email a sí misma contándose el lugar donde las puso para así tener un registro escrito que le ayude a recordar. Qué buena idea ¿verdad? Pero eso ya no lo había hecho, y había que encontrar el tesoro escondido a como diera lugar. Es así como todas le ayudan a rehacer el camino de aquel día sugiriéndole revisar zapatos, maceteros, estanque del baño, cajón falso del closet, refrigerador, bajo el colchón, adentro de los calcetines y en cuanto lugar pudiera ocurrírseles. Finalmente las encuentra, pero decide no delatar el lugar; lógica decisión ¿no creen? Pero el gran hallazgo es ayudado principalmente con la retrospección…ya sabrán más adelante cómo funcionó eso.

Otra anécdota, cuenta la gran hazaña que debe realizar una de las protagonistas después de comprar en el supermercado. Resulta que, al regresar a casa, repleta de bolsas, descubre que están malos los dos ascensores del edificio. Coronando la situación, sufre de un dolor de espalda y hombros que le vienen como anillo al dedo para subir catorce pisos con todo ese peso. Pero siempre aparece alguien al rescate, y esta vez surge una irónica oferta que le dice: "Ven a mi departamento, acá esta bueno el ascensor". Sin más que hacer y mirando en positivo la situación, decide subir, subir y subir lentamente hasta lograr llegar a la cima. Cree que logró bajar un kilo en tan solo treinta minutos, y eso, la hizo feliz.

Entre las protagonistas hay una que se cree paisajista y se pone a plantar cuanto arbusto tiene a su alcance. Realiza durante horas esta actividad, lo que la deja completamen-

te embarrada. Después de tan ardua labor decide tomar una ducha para refrescarse, pero…. ¡horror!... NO HAY AGUAAAA en su departamento y desconoce la razón. No sabe si es falla en el sector, corte por no pago, deficiencia del edificio, escasez por sequía o falta de presión. Lo único que tiene claro es que está absolutamente sucia de pies a cabeza y sin posibilidad de bañarse. Entonces comienzan a aparecer los consejos de sus queridas e irónicas amigas: la que no tiene ascensor es la primera en ofrecerle solución, aunque le señala que deberá subir y bajar catorce pisos para ducharse. Además, le advierte que si necesita llevar algún bidón con agua a casa, el peso podría ser un problema.

Luego aparece otra que ofrece una opción más fácil ya que tiene agua y ascensor en perfecto estado por lo que esa parece ser la mejor salida. La afectada ríe y dice agradecida, que lo pensará."

Iba escribiendo todo en un único y eterno wsp con el fin de que no fuera interrumpido por ninguno de sus comentarios. Sabía que se reirían al verse retratadas en cada una de esas situaciones. Así es que continué escribiéndoles, con toda la gracia que pude sumar a mis palabras, lo que ellas mismas habían contado.

"¿Sigo?... bueno, otra de las historias, de una de las protagonistas de este libro, es el viaje que realiza a Australia junto a su marido. Lo pasan increíble, pero como no es tan joven, regresa a su país bastante afectada de los pulmones. Puede ser asma o alergia, porque dada la época del año, comenzaba la primavera en esas latitudes del planeta y esa estación

hace florecer en ella, todas las picazones y romadizos. Como es muy astuta, desde la misma ciudad de Canberra solicita, vía web, una hora al médico con el fin de darle un corte rápido y definitivo a su problema. Baja del avión y sin haber lavado ni siquiera el calzón, se va directo a la consulta. De todas maneras, los consejos y recomendaciones de las demás comienzan con: "cuídate, no salgas, abrígate, toma Engystol, paracetamol, limonada caliente..."

Otro personaje de este libro dice haber nacido con una salud algo fallada de fábrica, pero a pesar de eso siempre está de buen humor y no falta el "jaja" al final de todos sus mensajes. Es de esas personas que pase lo que pase tendrá el espíritu en alto, buena energía para ella y para entregar. Y así le recomienda, a la que ha olvidado el escondite de sus joyas, que cierre los ojos, piense positivo, respire profundo y recorra de nuevo ese día para llegar al momento mismo de cuando escondió sus preciadas alhajas. Y ¿adivinen qué?...¡Las encuentra!, ¿no es genial?!. La retrospección funciona de verdad.

Otra de las figuras del libro, aunque poco descrita en lo que llevo leído, menciona que después de un largo viaje, regresa a casa el amor de su vida a quien debe dar toda su atención. Podrán imaginar que, después de una larga separación en millas, lo que pasa en ese rencuentro podría ser usado como material para otro capítulo de "Las Sombras de Grey".

Las fotos e ilustraciones que trae de las que viajan, pintan, trabajan con flores y cocinan, son imperdibles. También hay fotos de hematomas, prótesis de cuello y de peluquería. Es un excelente mix de situaciones gráficamente detalladas. Por suerte tengo ese libro. Siempre lo leo porque me llena de buenas vibras, me hace buena compañía y continuamente descubro algo nuevo."

Y entonces me despido diciendo:

"Amigas, mañana las espero a TOOOOOODAAAAAAS en mi casa y dije a TOOOOOOOOODAAAAAAAS: con alergia, con asma, con hematomas, con dolor de espalda, sucias o limpias…como sea…Un beso grande a cada una. Las espero".

Y así comenzó esta travesía. Nos reímos tanto; yo al leer sus wsp y ellas al leer el mío, que me alentaron a comenzar esta aventura de contar sobre nosotras. Y ¿por qué me animé a hacerlo?, porque en realidad somos siete simples mujeres que tal vez, al igual que muchas otras, tenemos días repletos de actividades, hijos demandantes, casas que mantener, compras que realizar, médicos que visitar, problemas que enfrentar y uno que otro oasis que regalarnos.

Creo que, al llevar al papel estas situaciones, nos damos cuenta de todo lo que somos capaces de abarcar, de todo lo que tenemos que solucionar, de todas las instancias que debemos atravesar y de las múltiples habilidades con las que contamos como ser humano. Las mujeres somos sorprendentes en capacidades y fortalezas. Por eso, estas líneas tal vez puedan ser un bálsamo para otras que, al leerlas, se sientan identificadas y acompañadas sabiendo que todas circulamos por los mismos escenarios de la cotidianeidad. Pero lo más importante, es darnos cuenta que, a pesar de todo lo que nos pueda suceder en la vida, esa vida no exenta de problemas y dolores, agregarle una cuota de humor al camino, lo hará más ameno y aliviará la carga. Y si además contamos con un grupo desinteresado, honesto y generoso de buenas amigas, esa travesía se hará aún más agradable. Es una realidad que cuando estamos angustiadas o enredadas en algo, las mujeres siempre recurrimos a las amigas para compartir el peso.

No hay duda de que nuestras familias, esposo e hijos, son lo más importante y valioso que tenemos, pero un día nuestros hijos volarán por sí solos y nuestro nido quedará vacío, concepto muy usado en la actualidad para decir que llegara el momento en que quedaremos solas, y esas cuatro paredes que forman el hogar tendrán más espacios desocupados. Si seguimos casadas o con pareja, de seguro nuestro hombre estará más concentrado en cazar al búfalo para el abastecimiento familiar que en la comunicación por temas domésticos que no tienen para ellos mayor relevancia. La lucha por sobrevivir en la selva empresarial es su total prioridad.

A medida que pasa el tiempo, las amigas se vuelven un gran pilar de contención y compañía. Alguna vez leí por ahí que, *"…una de las mejores cosas que puede hacer una mujer por su salud, es cultivar la relación con sus amigas."*

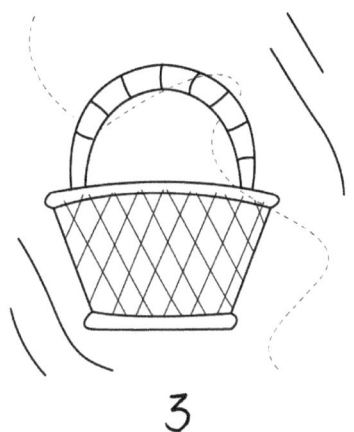

3
Mi obsesión por el canasto de mimbre

3
Mi obsesión por el canasto de mimbre

Cuando tuve el privilegio de ser aceptada en este selecto grupo llamado "Las Discurrías", (grupo de mujeres repletas de buenas ideas, actividades, soluciones para todo, generosas en cariño, oportunos y útiles consejos), yo debía ser igual o, mejor dicho, idéntica a ellas. Por esta razón yo también tenía que tener el canasto que todas usaban para guardar sus tejidos.

Cuando fui a una de las primeras reuniones, donde era una integrante "casi" oficial, me di cuenta que todas llegaban con un hermoso canasto de mimbre. Todas tenían el mismo. El canasto lo había comprado PatyS de regalo para cada una, pero ella había olvidado comprar el suyo. No sería fácil de obtener, porque había sido comprado a 500km al norte de Santiago; en La ciudad de La Serena. Eso me hacía ver muy lejana la posibilidad de tener el mismo; pero yo quería el mismo; sin él, no podría ser una verdadera DISCURRÍA. Y aunque parecía una actitud infantil, y lo era, no podía dejar de pensar en eso. Se estaba expresando con fuerza la niña que llevo dentro.

Como la suerte me acompaña y la vida y el cielo son generosos, la oportunidad llegó. Fue en abril, cuando salimos de Santiago a respirar aire puro, reflexionar un poco sobre la vida, lo agradecidos que debemos estar y a contemplar la belleza del Océano Pacifico frente a nosotros. Era Semana Santa, cuando en familia, (mascota incluida) fuimos a Las Tacas, un hermoso lugar en la costa norte de nuestro país. Arquitectónicamente hablando, es una especie de Resort al estilo Punta Cana, aunque en lo que se refiere al agua del mar, su temperatura es bastante inferior a las cálidas aguas del Caribe. En todo caso, el precioso entorno de palmeras, docas con flores de fosforescente fucsia y una playa de fina arena, nos regalaba unos días muy buenos para el relax, la contemplación y algo de oración, que siempre es necesario. El acogedor departamento de nuestros amigos decorado con gran gusto, y su espectacular ubicación frente al mar, nos daba acceso directo a una agradable playa. Rica comida y chimenea prendida era todo lo necesario para pasar unos tranquilos días de otoño en la costa nortina.

Y esta era la ocasión perfecta para comprar mi canasto de mimbre y el de PatyS, porque Las Tacas queda a escasos veinte minutos de distancia de La Serena. En esa ciudad esta "La Recoba", el centro de artesanías más importante del lugar, repleto de pequeñas tiendas donde se venden desde papayas al jugo hasta tejidos, adornos de madera y por supuesto mi anhelado canasto. Es ahí donde PatyS los había comprado.

Recorriendo puesto por puesto de esa gran y entretenida feria artesanal, no lograba dar con el mismo canasto que todas ya tenían. El canasto en sí era el mismo; con el mismo tejido en paja, pero le faltaba la funda interior que en verdad era una de sus características más lindas. Después de mucho darme vueltas, me rendí. Decidí que tendría que comprarlo sin la funda. Así es que, resuelta a tenerlo, compré dos. PatyS y yo estaríamos felices. Al menos sería lo más parecido al que tenían las demás. Nada que hacer respecto a la funda, la daba por perdida.

Cuando, a los pocos días de regresar a Santiago, tuvimos una de nuestras "DiscurriJuntas", le entregué a PatyS el ansiado canasto. Estaba igual de feliz como si fuera una niña a la que le dan una paleta de coloridos dulces. Ahora, las siete teníamos el tan anhelado canasto, aunque el de nosotras dos no era exactamente igual debido a que no contaba con la funda interior. Al comentarle que me había sido imposible encontrarla, Lily dice con total espontaneidad: *"¡pero si las fundas las hice yo!"*. Y con mi mayor cara de asombro le digo: *"pero ¿cómo? Y yo buscando canastos con funda por toda la Recoba"*…solté una gran carcajada. La costurera del grupo había hecho esas lindas y coloridas fundas interiores. Eso se convirtió en una buena noticia para mí y para PatyS ya que nos daba la posibilidad de tenerla. Pero en ese mismo momento PatyS dice: *"¡sí!, yo ya tengo la mía, porque cuando Lily las hizo, también hizo una para mí, ja ja ja"*. Y eso convirtió su canasto, instantáneamente, en uno idéntico al de las demás, con funda y todo. El mío sería "similar" pero "no igual" lo que me tenía amurrada como niña de cinco años a la que no se le permite jugar en el grupo. Yo solo quería un canasto con las mismas e idénticas características de todas, pero me faltaba la famosa funda interior.

Dice el dicho popular que *"guagua que no llora, no mama"*, así es que, metafóricamente hablando, lloré y lloré para conseguir mi linda funda. Se la pedía con insistencia a Lily en cada encuentro, en cada wsp, en cada llamada telefónica y en cada email; yo quería la mía. Ella me decía que para Navidad la tendría, ya que para esa época se las había regalado a las demás. ¡Ah noooo! No podía conformarme. Tendría que esperar demasiado tiempo, así es que, seguí insistiendo en cada mensaje y en cada "DiscurriJunta" diciendo: *"bueno, mi canasto ya tendrá su funda; que pena que mi canasto no sea igual; ya podré guardar el tejido y palillos en mi canasto con funda"*. No dejaba pasar oportunidad para molestar a Lily con el tema porque yo QUERÍA LA MIAAAAAA.

Pero pasaba y pasaba el tiempo y nada. Hasta que me di por vencida. Me estaba volviendo un poco majadera e insoportable con el tema, y si me ponía muy pesada me convertiría en la invitada indeseable del grupo. Preferí quedarme sin funda de canasto, pero conservar mis nuevas amigas.

Una mañana de tertulia y tejido, Lily llegó con un paquete. Al pasármelo me advirtió que tuviera cuidado porque era para acompañar el té. Un amoroso gesto de su parte para la primera reunión de Discurrías en mi casa. Tuve precaución al recibirlo, imaginé que eran deliciosos pasteles que no podían quedar aplastados. Fui a buscar platos, tenedores y cuchillo para compartir lo que prometía ser muy apetitoso. Abrí el delicioso envoltorio, con la boca al jugo de las ganas que tenía de comer algo rico y ¡OOOOOOHHHHHHH SORPRESAAAAAA!…era mi funda de canasto. ¡Estaba feliz! Prefería eso que pasteles para comer. De tan contenta que estaba, hasta el hambre se me quitó. Era el "certificado" que acreditaba que, ahora sí, pertenecía a este grupo y que era una verdadera Discurría. Voy con él a todas nuestras DiscurriJuntas. Y lo mejor de todo, es que no tuve que esperar que fuera Navidad.

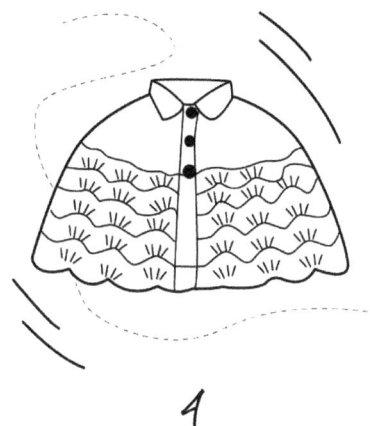

4

Generosas Discurrías

4
Generosas Discurrías

Estas locas mujeres son expertas en tejido. Y cuando digo expertas es que realmente tejen cosas hermosas; chalequitos de guagua de múltiples colores, frazadas, pieceras, abrigos, ponchos, gorros, guantes, suéteres, bufandas, zapatitos de guagua, amigurumis y todo lo que se les pueda ocurrir. En mi caso, mientras ellas avanzan con siete o diez piezas de tejido yo apenas con una. A veces, en vez de avanzar retrocedo, porque me hacen desarmar y volver a empezar. Desarmo y desarmo porque no me resulta lo que quiero y mis tejidos son objetos amorfos difíciles de entender y menos de usar. Soy experta en ovillos. Se burlan de mí, porque mis madejas de lana quedan redondas a la perfección. En todo caso debo reconocer que tengo excelentes profesoras que me ayudan tanto a desarmar como a reiniciar el tejido. Me obligan a hacerlo bien, porque se trata de aprender.

Al menos puedo decir que, durante el tiempo que llevo siendo parte de este selecto "comité", ya logré tejer un poncho, un gorro, una mañanita y una funda de abanico. En ese mismo plazo ellas han tejido unos treinta y cinco chalecos para adultos y para bebé, otros veinticuatro animalitos en la técnica de amigurumi, dieciocho pares de pantuflas, setenta poleras y un sin fin de otras piezas. Mientras; yo hago lo que puedo.

El ítem "mañanitas", prenda que usan las abuelitas para cubrirse la espalda y no pasar frío, fue un lindo proyecto. La idea era tejer a lo menos dos cada una para ir a regalarlas a un hogar de ancianos. Y así lo hicimos. En apenas dos semanas tejí dos. Ellas por supuesto tejieron mucho más en el mismo plazo. Sumamos más de veinte mañanitas. Las mías tenían sicodélicos colores, porque como me cuesta esto de tejer, saco pésimas cuentas respecto a la cantidad de lana que debo comprar. Usé para ellas, todos los saldos de lanas que tenía, por lo que las combinaciones de mis mañanitas eran, por decirlo de algún modo, bastante "originales". Igual pongo todo mi esfuerzo. Ya mejoraré. La práctica hace al maestro.

Una vez terminadas cada una de las lindas y abrigadoras "mañanitas", partimos a un hogar de abuelitas a dejarlas. Fue un lindo y humanitario gesto. Tanta necesidad que existe en nuestra ciudad. Tanto anciano en soledad y escasez. Fue un regalo muy bienvenido en ese hogar. Nos quedamos un rato a conversar con ellas y nos fuimos con el corazón repleto de alegría por haber aportado un grano de arena a la sociedad y algo de compañía a tanto abandono.

Ese lindo episodio me hizo recordar la letra de una canción que dice así:

*Lo más importante, en la vida es,
sonreírle al mundo con optimismo y fe.*

*Si tienes problemas o penas de amor
levanta tu frente y ríe que es mejor.*

*Ríe cuando todos estén tristes,
ríe solamente por reír
solo así podrás, ser siempre feliz,
en risas tu vida debes convertir.*

*Ríe y contagia tu alegría,
ríe con más fuerzas cada vez,
si un mal paso das, que te haga sufrir,
debes ignorarlo y vuelve a sonreír.*

Esta canción pertenecía a un antiquísimo programa de televisión llamado "Japening con Ja". La recordé porque, regalar media hora de cariño y sonrisas a los demás, hace que el día se cargue de buenas energías. Una sonrisa, genera otra sonrisa, y me parece un buen tema musical para cuando las cosas se ponen difíciles.

Es importante nunca perder el humor frente a lo que nos pasa. No se trata de andar como payasos por la vida, pero sí, de tomar con un poco de ligereza las dificultades que se nos presentan. En ese sentido, esta "secta" llamada "Discurrías" es la mejor demostración de cómo enfrentar la vida de una manera alegre y liviana. Siempre hay buenas vibras para apoyarnos con cariño. La presencia de cada una es fundamental.

Es impresionante como de la nada o de un simple wsp, surgen todas para acompañar, ya sea presencial o espiritualmente en situaciones simples o complejas. Cuando una dice: "quien me acompaña al Rehue"…otra responde: "¿qué es eso?"…la otra le dice: "una tienda de muebles y decoración"…la otra vuelve a decir: "¡ah ya!, yo voy". Otra dice: "yo también, pero tengo que secarme el pelo", la otra le dice: "ya, apúrate, en 15 minutos estoy ahí". Otra dice: "me meto a la ducha ahora"…"apúrate"…"Avisen donde será el cafecito para llegar".

Y así van apareciendo una tras otra sumándose a un insignificante paseo. Y la visita a una tienda de muebles, que no tenía nada de particular, se convierte en una entretenida mañana de amigas junto a un rico café. Y de ser tres, pasamos a ser cuatro, y las que no pudieron ir, están igual con nosotros al mandarles una foto por wsp haciéndolas partícipes de esta sencilla excursión.

5
La sede de Reñaca

5
La sede de Reñaca

Reñaca, es una playa ubicada a 120 km de Santiago en la ciudad de Viña del Mar. Es tan bueno tener la posibilidad de escapar de la vorágine de la capital y disfrutar de la hipnosis de las olas. Somos afortunadas al tener una Discurría con sede en ese bello balneario.

Entre los entretenidos paseos que hemos planificado, el viaje a Viña al departamento de PatyG en Reñaca, fue un perfecto DiscurriOasis. Poder contemplar el Océano Pacífico, disfrutar la música de nuestra época con la que cantamos y bailamos como unas adolescentes y saborear un buen pisco sour, fue todo lo que necesitábamos para desconectarnos de nuestro mundo doméstico. Conversar sin parar y reírnos hasta el cansancio mejoraban aún más la terapia de relajación. El tejido también es parte de esos gratos momentos, en los que obviamente, ellas terminan a lo menos dos chalecos y yo mejoro en la calidad de mis ovillos.

El clima de esos días fue excelente: cálidas mañanas de suave viento y anaranjadas puestas de sol. La oportunidad de conversar sobre nuestras vidas, durante horas de horas, hasta la madrugada del día siguiente, era como volver al pasado cuando hacíamos pijamas party en casa de alguna compañera de colegio. Más o menos así fue una de esas noches, en donde la catarsis fue intensa y profunda. Quedábamos tres de nosotras ese día, cuando casi sin dormir, intentábamos arreglar el mundo; nuestro mundo.

Hablamos de nuestras vidas, los hijos, el matrimonio, de cómo enfrentar situaciones complejas o dolorosas, y de muchos otros temas que van conformando la vida de cada una. Nos dieron las 5 de la mañana sin sentir ni siquiera sueño. Fue asombrosa la conexión que logramos, en especial para mí, porque conociéndolas apenas hace algunos meses, sentí que eran parte de mi vida hace mucho tiempo.

Tuve plena confianza para compartir con ellas cosas que me estaban sucediendo y que me inquietaban. El título de mi problema lo autodenominé: *"falta de alineación conyugal"*.

Les conté que, aunque tengo un marido cariñoso, excelente padre, hogareño, generoso con todos, alegre, optimista y tremendo ser humano, siempre hay un "pero" en toda relación. Yo tampoco soy perfecta así es que cargo en mi espalda mi propio "pero" y él, el suyo. Las desavenencias y desacuerdos generan, en toda pareja, socavones. Admito que soy bastante llevada de mis ideas y que en general siento tener en todo la razón. Pero a veces, cuando la respuesta es una sola y además obvia frente a situaciones de los hijos, te irrita no ser secundada por tu *partner* en la misma dirección. Pueden ser cosas triviales o rutinarias, pero cuando son una sumatoria de ellas, sin el apoyo de tu compañero de batallas, te agotas de pelear a solas.

Por ejemplo:

-Cuando yo digo que "no", y él dice "da lo mismo"; en el fondo transmite que sí.

-Cuando pido que, por un domingo del año almorcemos solos en casa sin invitar a nadie, él dice que ya ha invitado a los de siempre y sin avisarme, terminamos siendo quince.

-Cuando le llamo la atención a uno de los adolescentes de la casa, él me mira con cara de que exagero y dice "te gusta pelear con ellos". Yo solo estaba pidiendo que ordenaran su pieza e hicieran sus camas... ¿es mucho pedir?

-Cuando pido a nuestros hijos que la cuota de amigos invitados para vacaciones de verano sea limitada o que al menos se turnen para eso, él dice nuevamente: "da lo mismo". Entonces entre parientes y amigos terminamos siendo veintisiete personas en casa; ¿serán esas unas vacaciones relajadas?

-Cuando pido poner música en el auto o ver una película en la televisión en vez de la transmisión del partido de fútbol número "cien mil millones", pone cara de descontento y malhumorado cambia de canal.

Claramente estamos envejeciendo; los grados de tolerancia bajan, las ganas de hacer las cosas al modo y deseo propio se intensifican y con ello la inclinación egoísta de querer hacer, lo que "a mí" me hace feliz. No manejo las estadísticas sicológicas o siquiátricas de los casos en el mundo que puedan avalar la tendencia de este comportamiento en los seres humanos, y si es o no normal, pero sí sé que, hablando con muchas personas cercanas y amigas, descubro con bastante frecuencia que muchas relaciones atraviesan por las mismas situaciones. Envejecemos y nos hacemos menos tolerantes y con menos ganas de transar y ceder. Queremos empezar a hacer lo que nos da placer, paz y comodidad. Ya no estamos en edad para perder el tiempo en cosas o personas que no nos aportan. La fecha de vencimiento de nuestras vidas se comienza a acercar y queremos tratar de sacarle el mayor partido posible a lo que nos queda por disfrutar. Así es que, incluso con nuestras parejas, nos vamos poniendo algo intransigentes. A veces no queremos negociar y queremos que hagan lo que a nosotros nos gusta, o simplemente, lo haremos igual sin ellos.

Los ejemplos de este tipo de situaciones son muchos; a veces son pequeños desencuentros y cosas tontas o funcionales, pero otras veces son aspectos más profundos que tienen que ver con las ambiciones personales. En esas situaciones surge con fuerza el "YO quiero" y nos olvidamos de pensar en el "NOSOTROS" o de buscar lo que a ambos nos haría feliz haciendo "JUNTOS". Si a eso le sumamos las "trampitas de Dios", entonces la navegación se hace aún más difícil.

Y ¿qué son las trampitas de Dios?: alguien llamado hijo que puede unirnos o desunirnos, poniendo a prueba nuestra tolerancia y nuestra verdadera capacidad de amar.

Debo confesar que, existiendo circunstancias que ponen a prueba nuestra relación, hemos tenido la humildad y corazón de seguir trabajando y luchando por mantenernos juntos. No es tarea fácil, pero si realmente existe amor, la pelea por mantenerse unidos hay que darla. Puede sonar hasta cursi, pero la realidad es que día a día enfrentamos situaciones que desafían nuestra capacidad de postergarnos en pos del otro.

En todo caso soy afortunada. Tengo a mi lado a un hombre maravilloso, cuatro hijos increíbles (aunque a veces quiera estrangularlos), salud, y bienestar; ¿qué más puedo pedir? Nada, solo agradecer.

Así transcurría la catarsis de aquella noche en Reñaca. Compartía con ellas esa sensación de pelear sola por cosas que a veces son temas cotidianos, pero de los cuales necesitas colaboración de todos porque, cuando no es así, la impotencia y soledad te corroen. Se mezclan en ti la irritación y el desencanto por los que te rodean, porque no reconocen en ti, el esfuerzo y dedicación que pones en cada detalle.

Ese intenso momento de desahogo gatilló una conexión muy especial. Su generosidad al escuchar atentamente lo que les contaba, el cariño que me transmitían y el apoyo que me dieron, me ayudó a tener más lucidez respecto de cómo enfrentar ciertas situaciones y de cómo mejorar el tema de la COMUNICACIÓN de pareja. Si no me equivoco, ese es uno de los ítems fundamentales de una buena relación: saber comunicarnos de verdad.

Este es uno de los puntos en los que hay que trabajar arduamente toda la vida de pareja, y frente al cual, a veces, una buena terapia puede ser de gran ayuda. No somos los poseedores de todas las verdades y tampoco somos omnipotentes en la solución de todos nuestros problemas, porque definitivamente, no tenemos todas las respuestas.

Muchas veces digo que me siento traicionada por Walt Disney. Y cuando digo esto, todos me miran con cara de si estoy loca, pero definitivamente Walt Disney nos mintió. Cada una de sus historias termina con un *"y vivieron felices para siempre"*, pero eso, en la realidad, es un trabajo de todos los días. La felicidad tiene momentos, no es permanente. Como todo ser humano tenemos días buenos y días malos. Nuestros propios intereses y la suma de a lo menos algunos hijos (en mí caso 4), hace que éste viaje del matrimonio sea muy intenso y dinámico. Los hijos son la cuota de alegría y desencuentro que a todos los cuentos Disney le faltó. Ninguno de ellos cuenta la historia del príncipe y de la princesa cuando fueron padres, porque habría sido una película muy, pero muy diferente.

Como dije, los hijos son unas "trampitas de Dios", que ponen a prueba todas nuestras capacidades. Ponen a prueba nuestra generosidad, nuestra dedicación, honestidad, tolerancia, entrega y cuanto amor del bueno seamos capaces de entregar. Reconozco que a veces me falta de ese "amor del bueno". Por cansancio o comodidad, en ocasiones pongo mis prioridades antes que las de ellos, pero me esfuerzo, créanme que me esfuerzo por tratar de ser mejor.

Amo profundamente a mis "4 enanitos" (bueno ya nada de enanitos), son excelentes personas, pero también son un factor de desencuentro conyugal, porque a veces yo tengo puntos de vista que el otro no comparte. Y es normal que así sea, aunque a veces es muy difícil de lidiar, pero así y todo soy una agradecida de los hijos y marido que tengo. Todos cariñosos, responsables y bellos por dentro y por fuera.

Los amo profundamente y como todo en la vida, somos una familia con alegrías y conflictos, pero en busca de la armonía diaria. No tenemos ni más ni menos problemas que otros. Me he leído varios libros de autoayuda y he tenido la oportunidad de trabajar algunas estrategias de manejo de relaciones, sin embargo, nunca es suficiente. La vida avanza, los hijos crecen, uno envejece y nuestra existencia va mutando.

Nos ponemos más sensibles, más impacientes y con menos ganas de negociar todo. Los hijos a su vez crecen, lo quieren todo y sus alas de independencia se despliegan hasta el punto en donde nada ni nadie los detendrá. Esperamos haberles dado las herramientas necesarias para que no se equivoquen, porque lo más preciado que pudimos sembrar en sus corazones fueron los valores. Esos valores, que Dios mediante, les ayuden a tomar el camino correcto. Y nosotros, ahí estaremos siempre, hasta que la vida nos siga dando aliento.

Pero el señor Disney no se detuvo en ninguno de esos detalles. Igual lo perdono, porque nos hizo soñar y anhelar ese amor de cuento de hadas por el cual seguimos ilusionadas cada día. En todo caso, creo que ninguna de sus películas debió terminar con un *"…y vivieron felices para siempre"*, sino más bien con un *"…y vivieron siempre luchando por ser felices"*. Creo que esa frase se acerca más a la realidad; hay que trabajar diariamente para mantener el amor a flote porque, a esta montaña rusa llamada matrimonio y familia, hay que subirse bien afirmados y con muchas ganas.

6
El día del registro civil

6
El día del registro civil

Fue un día-tarde-noche, en que estuvimos todas de un hilo junto a Berna esperando que le entregaran la cédula de identidad a su hijo. Parece ser un trámite muy simple, pero cuando tienes escasas horas para realizarlo y algunos inconvenientes asociados, éste se torna en un dolor de cabeza.

El muy despreocupado Mauri se dio cuenta, un día antes de viajar a Brasil, que su cédula estaba vencida. Su avión despegaba a las siete de la mañana del día jueves y el martes en la noche, se dio cuenta que no tenía como salir del país si no contaba con ese documento. Tenía sólo el miércoles para realizar el trámite, pero "upssss"… el Registro Civil estaba en huelga. ¡Qué novedad!, otra de las tantas instituciones públicas de nuestro país que han estado en paro de actividades en los últimos años.

No sabemos claramente cómo logró entrar a las oficinas del Registro Civil ya que la huelga hacía muy complicado que le permitieran ingresar, pero eran las 8 de la mañana del día miércoles y ahí estaba iniciando el trámite. Al déficit agudo de personal disponible para atender, se le sumaba la implementación de un nuevo sistema de códigos de seguridad en los documentos, por lo que todo se hacía aún más estresante y lento; huelga, nuevo sistema de códigos y falta de personal de servicio, lo llevaron a esperar durante diecisiete horas la entrega de su carnet; de 8am del día miércoles a 1:30am del día jueves.

Por supuesto, todas estuvimos en vigilia minuto a minuto haciendo fuerza común para que Mauri lograra obtener su carnet, de lo contrario no habría viaje. Apenas a la 1:30 de la madrugada del jueves Berna nos hace llegar una foto del niño, peludo y con barba, con su documento en mano. Todas agotadas, pero felices porque ya podría viajar y nosotras podríamos dormir. Pero para Baldo y Berna, continuaba la velada de insomnio. Ahora había que ayudar al "niño", a hacer su maleta y llevarlo al aeropuerto; debía estar ahí a las 3:30am pues su vuelo despegaba a las 7:30am. Para Baldo y Berna no hubo pijamas y el día continuaba con unas lindas ojeras que un buen par de anteojos tuvo que disimular.

Como ven, esta es otra muestra de las miles de cosas que los padres somos capaces de hacer por nuestros hijos.

7
Los souvenir de viaje

7
Los souvenir de viaje

Cada vez que alguna de nosotros viaja, trae siempre un "DiscurriRegalo" de ese rincón del mundo que visita. Es un cariñito que nos hacemos y que debe ser el mismo para todas. Somos extremadamente infantiles para esas cosas: todas debemos tener "el mismo juguete".

PatyG, amorosa y cariñosa como siempre, me hizo el primer regalo que ya todas tenían. Me obsequió un aromatizador para el auto que había guardado de su viaje a Perú. Esa pequeña y linda botella de cerámica está instalada en la visera para el sol, perfumando y refrescando la cabina de mi automóvil. Parece que ese regalo estaba esperando mi llegada. Después, cuando viajó a Europa nos compró unos ricos chocolates. Tierna ella que pensó en el invierno Santiaguino y en cuán rico es comerlos cuando hace frío, pero olvidó un detalle. Los mantuvo en el maletero del auto que arrendaron para recorrer esas hermosas ciudades del viejo continente, pero el intenso y energético calor de esas latitudes los convirtieron en una espesa sopa de cacao. Apenada, los tuvo que botar, y comprar de nuevo al llegar a Chile. Como "Discurría" que es, y para que los chocolates se lucieran mejor, compró unas fundas de arpillera para botellas de vino y ahí los puso. Esa rústica funda esta en nuestros canastos ordenando todos los tipos de palillos que usamos para tejer: los hay de número 2, 3, 4, 5, 6, y más, según estilo y grosor de lana. Yo, ciertamente, ocupo casi siempre un solo número.

Lily, de su viaje a USA, nos trajo de regalo una súper bolsa para poner lanas, crochet, palillos, tejidos y un sin fin de cosas que tienen que ver con esta técnica. Fue otro práctico obsequio para guardar accesorios de manualidades.

Berna, de Canadá, nos trajo una selección de distintos utensilios para el tejido. Un crochet del tamaño de un palillo que tiene un particular nombre y que sirve para un particular trabajo, que por supuesto ya no recuerdo. También, nos trajo unos enhebradores de lana y otros instrumentos que no logré identificar (insisto que no soy muy experta en esta técnica). Cada una eligió uno con la idea de compartirlos cuando los necesitemos.

Gabby nos trajo, del Perú, unos lindos aros de plata mezclados con tejido artesanal. Un hermoso accesorio que nos hace ver más lindas de lo que ya somos (ja,ja).

Transcurrido algún tiempo de ser "Discurría", les traje unos hermosos abanicos de Segovia. Considerando que la edad avanza y los desequilibrios hormonales aumentan, sin explicación, la temperatura corporal, decidí comprarles unos prácticos y lindos abanicos para bajar el nivel de calor del cuerpo, que a veces sube sin influencia climática. Útiles en invierno, por razones de fuerza mayor, y en verano, por razones meteorológicas, compre siete: obviamente, también quería tener el mío.

Del Perú, en un mágico viaje familiar a Machu Picchu, les traje unas lindas libretas artesanales para que fueran anotando el "paso a paso" de cada uno de los tejidos que íbamos aprendiendo. ¿Cuántas libretas compré? Siete ¡obvio! Yo también quería una. En la mía, aún no escribo nada porque sigo tejiendo en forma cuadrada; sin rebajes, sin disminuciones y sin aumentos. Los tejidos cuadrados no requieren de mayor instrucción, así es que no tengo nada que anotar. Y menos sobre los ovillos, que son muy fáciles de hacer. Por esa razón, mi libreta sigue en blanco.

Pero el más erótico de los *souvenir*, hasta ahora, ha sido el de Dany. De su viaje familiar a Chillán, no podía traernos otra cosa que no fuera una jugosa longaniza. La ciudad de Chillán es famosa por ese producto, así es que nos trajo una exquisita y ENORME longaniza *chillanezca*. Ese producto largo, pegajoso y suave nos sorprendió a todas. En mi caso, terminó convertida en un ingrediente del pastel de papas que cociné en casa. Debo decir que quedó realmente delicioso, le aportó todo el sabor y aroma que sólo una longaniza de Chillán, logra.

Pasaré por alto dar más detalles de sus características, pues todo lo que escriba sobre ella, llevará al lector a imaginar, inevitablemente, en un objeto erótico de características masculinas. Lo que sí puedo decir, es que aporta gran sabor a las comidas y que Dany, de seguro, nos la regaló con una pícara intención, esa que nos hizo reír a carcajadas al recibirla.

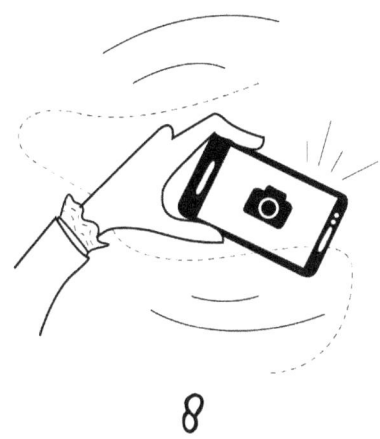

8
Nuestras fotos compartidas

8
Nuestras fotos compartidas

¿Qué mejor que una buena foto para describir en forma gráfica un momento o situación? Como dice el refrán: "una imagen vale más que mil palabras". Éstas llegan al instante y en vivo, igual que las transmisiones deportivas o las noticias entregadas vía satélite. En este caso, las fotos llegan vía wsp usando un smarth phone.

Permanentemente recibimos fotos de:
Comidas
Lanas de colores
Muebles
Flores
Playas
Campo
Caribe
De Canadá
De Perú
De Paris
De San Petesburgo

Del Marliz
De atardeceres
Amaneceres
Pasteles
Tortas
Sándwich
Canastos
Abanicos
Cuadros
Copas de pisco sauer
Del soplido de velas de cumpleaños
Gorros de lana
Uñas pintadas
Corte de pelo
Chistes
Memes
De machos guapos y viriles (nuestros maridos, claro está, ¿qué pensaban?)
Del más eficiente de los detergentes biodegradables
Heridas sanguinolentas
La última gracia de la nieta
Graduaciones de los hijos
De animales
De nuestras mascotas
Tejidos y...
...de nuestras caras de C.Ú.L.O.

Me detendré aquí solo para explicar el significado de estas siglas:

Cariñosas,
Únicas,
Leales y
Originales amigas.

Pero, ¿cuáles son las mejores fotos?, sin lugar a dudas las de nuestro paso por la peluquería. Ese "antes" y "después" son realmente dignas de revista de consulta médica de cirujano plástico. Parecemos extraterrestres llenas de pegamentos y tinturas raras en el pelo, secadores gigantes donde nos meten la cabeza, amarritas de papel aluminio y gorros de goma por donde nos sacan mechas para después colorear; ¡somos unos esperpentos! Pero después de pasar por ese horroroso trance de olores y mechoneos intensos, salimos de ahí creyéndonos estrellas de cine. Regias y estupendas. Nuestro pelo al viento con un color cien por ciento ¿natural?, pero que nos queda muy bien para el tono de piel. Esa pequeña transformación que no necesita pabellón quirúrgico, es una buena terapia para subir el ánimo, ya que es acompañada de múltiples mensajes repletos de piropos de nuestras amigas que nos quieren mucho y nos dicen lo bien que quedamos.

No hay nada más entretenido que recibir esa lluvia de fotografías que muestran los acontecimientos de cada una en forma visual, porque definitivamente la potencia de una imagen no la iguala el texto escrito.

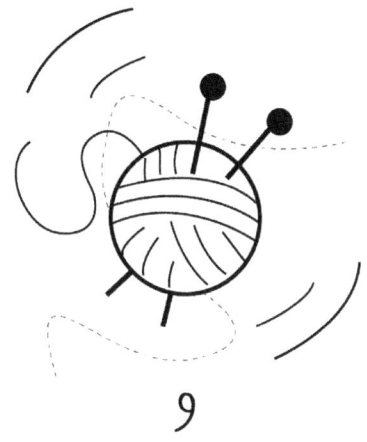

9
Nuestras sesiones de tejidos

9
Nuestras sesiones de tejidos

Por lo general nos juntamos martes y viernes; llueva, tiemble o relampaguee. Y en Santiago tiembla bastante. Son nuestras reuniones de catarsis, de taller y "DiscurriOasis". El tejido, es el pretexto para estar juntas. Es ahí cuando compartimos una serie de datos prácticos, medicinales, de cocina, de cómo se hace tal o cual cosa, del mejor kinesiólogo de la ciudad, de la cantidad de puntos o disminución que necesita un chaleco o si alguien tiene dato de nana, éste último, tema muy habitual. No es fácil encontrar una persona honesta, trabajadora y honrada que nos ayude con las tareas del hogar, así es que por lo general el asunto de las "nanas" o contrato de apoyo doméstico, es bastante frecuente.

También durante esos *"DiscurriOasis"* programamos los *"DiscurriCarretes"* o *"DiscurriPaseos"*. Organizamos las visitas a las próximas ferias artesanales o costumbristas, exposiciones, cafeterías que aún no conocemos, paseos al parque, posibles viajes, y cada una de las actividades entretenidas que inventamos para amenizar el año.

Entre todo esto, surge el mejor de los datos medicinales de nuestras reuniones: el Engystol. Para combatir esos resfríos espantosos que nos han visitado este invierno, PatyS nos dio ese súper tips. Además de todas esas mezclas de miel con limón, palto miel, etc., el Engystol se convirtió en la pastillita milagrosa para acelerar el proceso de recuperación de resfríos difíciles. Debo reconocer que mantener la pastilla bajo la lengua no fue una experiencia muy placentera. Era algo desagradable sentir como se iba transformando de sólida a pastosa y por fin desaparecía. Fue una sensación extraña y poco agradable, pero que surtía efecto, ya que realmente la gripe duraba menos días de lo previsto. Así es que siempre hay un Engystol en mi botiquín.

Otro buen consejo compartido fue el "YES". Me declaraba ignorante en la existencia de este tipo de productos, pero veo, en las caras de felicidad de mis amigas, que es muy útil y eficaz para mejorar las relaciones íntimas de la pareja. Decidí tenerlo presente en mi lista de los buenos datos para momentos de necesidad. Nunca se sabe cuándo puede llegar ese delicado instante y dado que la edad avanza, uno necesita de ciertos datos para mejorar cualquier aspecto matrimonial que logre evitar una caída al abismo. En todo caso, más detalles de este producto pueden ser investigados en Google en www.disfrutayes.cl

Yo también aporté un muy buen dato: mi aspiradora automática; mi amada "Roomba". Esa Robotina se lo come todo. Pasa por debajo de camas, sillones y de cuanto mueble encuentre a su paso y cuya altura se lo permita. Fue tan clara la evidencia de su eficacia, que Berna compró la suya. Ahora ambas gozamos de sus virtudes. Práctica, silenciosa y eficiente, es todo lo que necesitamos para mantener los pisos limpios. También tengo la versión lava baldosas, pero esa es una exclusividad gracias a la importación que hicimos desde Suiza. Gran Suiza, siempre tan linda y ordenada, ciudad que inventa prácticos aparatos domésticos para aliviar las tareas de las dueñas de casa.

Así se desarrollan nuestros encuentros. Somos un gran almanaque de datos prácticos siempre necesarios para evitar contingencias complejas.

10
La moda al día con Dany

10
La moda al día con Dany

Dany tiene buenas y divertidas anécdotas. Además de esconder sus joyas y olvidar donde las pone, es especialista en eventos de gran glamour, para lo cual siempre tiene la tenida perfecta a la altura de las exigencias. Esta vez el evento era familiar. Se celebraban los setenta años de su suegro, y setenta años son una perfecta ocasión para usar una nueva tenida de falda y zapatos en perfecta combinación. Al fin podría usar su tan apreciada, sofisticada y moderna tenida con zapatos de 25cm de alto, elegante falda y delicada blusa color mantequilla.

Todo parte una tibia mañana de septiembre. Al despertar se presenta la primera dificultad. El día anterior al evento, olvidan por completo el cambio de horario debido al inicio de la nueva estación del año que pasa de invierno a primavera. Esto hace que los relojes se adelanten una hora, y en vez de ser las nueve de la mañana ya son las diez. Ellos seguían con el horario de invierno, por lo que cuando despiertan se percatan que ya están atrasados en una hora para llegar al encuentro familiar. Dany, descubre además, que no tiene las pantys apropiadas para combinar su elegante tenida, lo que la obliga a salir a comprarlas. Dado esto, y para no atrasar a toda la familia, le dice a Alejandro que se vaya con los niños primero y ella, junto a su hija, van al supermercado a comprar. Sabe que debe llegar con las pantys puestas, así es que, después de pasar por caja, se va al baño del supermercado a ponérselas. Los tacos de sus zapatos, tan altos como la torre Eiffel, la hacen perder el equilibrio y caer con toda su humanidad dentro de esos cómodos cubículos higiénicos; en buen chileno, se saca "la cresta".

Podrán imaginar la glamorosa pose con la que queda en el suelo dentro del baño público del supermercado. Toda desparramada, pero muy elegante, siempre TOP, hasta para darse un porrazo. Al menos estaba la puerta cerrada lo que mantendría su dignidad intacta, porque la vergüenza de darse un porrazo de esos, en público, no te la quita nadie.

Después de reponerse del golpe, que le regala un bello hematoma en el pie y casi le impide volver a ponerse los zapatos, parte rumbo a la celebración de las setenta primaveras del suegro. Cuando llega al lugar…, ¡oh! sorpresa, era un asado campestre, por lo que un simple par de jeans, zapatillas y una sencilla y coqueta blusa habrían bastado. Pero ella, reina de la moda y de la vanguardia, pensó que setenta años se celebran con gran elegancia. Pudo haber tenido razón, pero olvidó preguntar algunos detalles en relación a la vestimenta, ambientación y lugar del evento. Eso la habría salvado de usar, al menos, los zapatos de Eiffel.

En fin, ya estaba ahí y sería la más estupenda y mejor vestida del cumpleaños del querido suegro, casi no importaba el dolor de su pie causado por esa elegante caída en el baño. Como dice el dicho: "antes muerta que sencilla".

Seguía avanzando la celebración y también el hambre. En un asado campestre, no pueden faltar los tan conocidos y exquisitos *choripanes*, preparados en su mayoría con pan de marraqueta, longaniza y mayonesa. Son la tentación de cualquiera. Dany no pudo evitar sucumbir y feliz aceptó uno. Con el hambre que tenía y para poder aminorar sus pensamientos concentrados en el dolor que sentía en el pie, abrió grande sus fauces y le dio el más rico y jugoso de los mordiscos. Pero ¡OOHHHH! ¡horror!, la mayonesa y el jugo de la longaniza escurrieron como catarata del Niágara manchando su hermosa y recién comprada blusa color mantequilla.

¡Hasta ahí llego la fiesta! Ahora habría que concentrarse en limpiar la blusa. La única solución al alcance era perderse parte del festejo familiar y partir corriendo al baño a tratar de sacar esa mancha causada por los jugos de un exquisito choripán que no pudo terminar de saborear. No se sabe claramente si esa mancha salió, lo que sí se sabe es que fue un día intenso, otro más de esos que vive Dany, porque por lo general, siempre se levanta con una planificación muy acotada de lo que será su día y termina siendo, muchas veces, algo muy distinto a todo lo que tenía planeado. Lo bueno es, que siempre prima el humor por sobre lo conflictivo de sus anécdotas. Tanto humor le pone a la vida, que incluso mandó la foto de cómo le quedó el pie. Un feo hematoma que fue tomando hermosos colores. Y los comentarios por wsp, al ver la foto, hicieron más ameno el momento: "menos mal que no mandó foto del culo jaaaaa…" Y aunque la palabra C.U.L.O ya tiene otro significado, la verdad es que podemos imaginar también, cómo quedo esa parte de su cuerpo, de seguro, bastante aporreado.

11
Otra de tantas vigilias nocturnas

11
Otra de tantas vigilias nocturnas

Como no contar la noche en que hasta tarde estuve esperando la llegada de mi hija Coté. Regresaba de su viaje de estudios, aquel que es tradición en los colegios durante los últimos años de vida escolar. Se llama de "estudios" porque al recorrer zonas del país en donde por lo general no han estado antes, realizan una serie de actividades que las ayudan a profundizar en las costumbres, situación geográfica y detalles geo-políticos de las ciudades que visitan. También es una hermosa instancia para profundizar lazos de amistad dentro del curso, cosa que realmente se logra cuando compartes durante más de diez días las veinticuatro horas con tus compañeras.

Aburrida, hasta pasada la medianoche, hora a la que aterrizaba el vuelo desde la nortina ciudad de Iquique, iba a tener que esperar su regreso. Pero siempre hay, a lo menos, un par de Discurrías sonámbulas. Y ahí estaban, PatyS y Berna. Berna esperando que Mauri, su hijo, aterrizara en Santiago desde Brasil y PatyS esperando que el vuelo de Marcelo, su esposo, aterrizara sin novedad en Ecuador. Tres "DiscurriSonámbulas" estaríamos conectadas y acompañándonos esa noche hasta tener novedades de nuestros respectivos familiares. Esto amenizaría la espera y evitaría que nos quedáramos dormidas.

El que llegaba primero era Mauri, y su polola iría a buscarlo al aeropuerto. El itinerario de su vuelo ya se había cumplido, pero Berna no podía comunicarse con ninguno de los dos. Comenzaba a extrañarnos.

PatyS ya tenía noticias; Marcelo había llegado sin contratiempos; su espera había sido corta.

Como la vigilia por nuestros viajeros comenzaba a extenderse, nos dio hambre. PatyS se tostó unas almendras y yo corté una manzana y un plátano para acompañar la velada. En esos días estaba sufriendo uno de esos malditos aftas que me salen con bastante frecuencia en mi boca. Esta vez, tenía uno muy bien ubicado en la punta de la lengua que bloqueaba el hambre al primer mordisco de lo que fuera a comer. La molestia me tenía mal genio.

Cuando le comento a mis queridas "DiscurriSonánmbulas" sobre el maldito afta, raudas comienzan a darme consejos que me ayudarían a aliviar el dolor.

PatyS, que tiene dato para todo, me dice que haga una infusión de romero y sumerja la lengua en ella, esto adormecería la zona ya que el romero es amargo y produce un efecto anestésico. Le hice caso a la gurú de los remedios naturales y salté de mi silla rumbo a hervir agua, buscar romero, echarlo en una taza grande y a esperar que se enfriara para zambullir mi lengua en ese extraño brebaje.

Por suerte me encanta el romero, así es que podría vivir la experiencia.

Mientras sumergía delicadamente la punta de mi lengua en esa piscina de finas hierbas, nuestro desvelo por los viajeros continuaba. Mauri seguía perdido en el aeropuerto. Berna no sabía nada, y tampoco había comunicación con su polola quien, al parecer, había ido con el celular apagado o sin baterías.

Comenzamos a "despellejar" a esa pololita tan habilosa: ¿Cómo se queda sin batería en un momento así?, o ¿será que fue sin celular? ¿Cómo va al aeropuerto sin celular? Hoy en día nadie puede andar sin celular. Por Dios la niñita "pava" (alias desconcentrada, volada, pajarona). No es para nada "discurría" esta niñita.

Mientras seguíamos esperando novedades de Mauri, llegó mi niña. Ella estaba feliz. Había sido una maravillosa experiencia escolar; muchos recuerdos y vivencias que atesoraría por años.

Ya era la 1:15 de la madrugada y aún no sabíamos nada de Mauri. Se suponía que él era quien llegaba primero, pero Marcelo ya estaba durmiendo en Ecuador, y Coté y yo estábamos acostadas en casa disfrutando de una entretenida conversación sobre algunas anécdotas de su viaje. De Mauri, aún nada. Seguía desaparecido en el aeropuerto. ¿Dónde esta este niño por Dios? A esas alturas imaginábamos que la polola le estaba dando la bienvenida en privado, así es que nos dormimos pensando que el niño estaba bien cuidado y arropado en casa de su "media naranja". A las 2:30 de la madrugada nos venció el sueño a todas, incluso a su madre.

A la mañana siguiente al despertar, la primera pregunta para Berna fue: "¿Y?! ¿qué supiste de Mauri? ¿Cómo llegó de Brasil? ¿Se fue a alojar donde su polola?, ¿Qué pasó anoche que no avisó nada?". Estábamos angustiadas con tanto silencio y falta de noticias. Y en ese momento Berna dice: "¿Adivinen qué?, Mauri aún está en Brasil, llega mañana".

¡No lo podíamos creer! La única explicación era que "alguien" estaba muy mal informada respecto del itinerario. Su ansiosa madre, que lo único que quería era que su hijo llegara pronto, incluso un día antes de lo programado, nos obligaría a tener un día extra de insomnio.

12
El corazón de PatyS

12
El corazón de PatyS

Ya les comenté que PatyS tiene una salud algo frágil. A esta mujer pareciera que no le entran balas, pero mi amiga es bien delicada. Entre sus toses recurrentes, asma y otras aflicciones que desconozco, un día esta Discurría nos sorprendió contándonos que tendría que operarse del corazón. La noticia nos dejó perplejas. Una operación al corazón no es un tema menor.

Todo comenzó con la búsqueda del origen de sus recurrentes enfermedades respiratorias. Muchos exámenes de sangre, ecografías de tórax y todos los procedimientos necesarios para poder descubrir por qué esta mujer tiene siempre tos y frecuentes resfríos. Pues bien, el gran hallazgo fue que su corazón estaba mal sellado; tenía una perforación que irrigaba de mala manera sus pulmones. Esta deficiencia se llama "persistencia del agujero oval" o agujero entre las aurículas izquierda y derecha del corazón.

Cuando uno es bebé en gestación, no usa los pulmones para respirar en el vientre materno, por lo que ese agujero no causa problemas en un feto, pero se supone que cierra al nacer. Si no es así, la sangre se desvía y no llega a los pulmones. Esto era lo que pasaba con nuestra PatyS, su "persistencia del agujero oval" desviaba la sangre impidiendo que llegara con normalidad a sus pulmones.

Como dije, se supone que el agujero se cierra poco después de nacer, pero algunas veces no lo hace, y en aproximadamente una de cada cuatro personas nunca cierra. Obviamente nuestra amiga, PatyS, que es única en su especie, fue una de esas "cada cuatro" personas a las que no se les cerró.

El tratamiento no se hizo esperar. El médico realizaría un examen para ver si era posible vía cateterismo, de lo contrario tendría que ser a corazón abierto, cosa que nos ponía los pelos de punta a todas (pelos que ya iban disminuyendo en varias de nosotras gracias a los tratamientos láser).

Ya instalada en la clínica, un día antes de la operación que realizaría uno de sus sobrinos, experto cardiólogo, fuimos a verla. Queríamos estar con ella en este incierto momento. Nuestra amistad es en las buenas, en las malas y en las inciertas. Y esta era una de esas ocasiones, así es que antes de que la metieran al "horno" (alias pabellón), queríamos estar con ella para acompañarla y hacerle algo más amena la espera de aquel angustioso día. Sabíamos que estaba nerviosa, pero entregada.

Para coordinar nuestra llegada creamos un grupo de wsp de solo 6 integrantes llamado *"Visita a PatyS en la clínica"*. La idea era organizarnos: quiénes podían ir, qué llevaríamos, dónde nos juntaríamos y así llegar todas al mismo tiempo. Siempre, antes de cualquier evento, hay por lo menos unos 60 wsp de planificación.

Y así, para hacer más grato el momento, decidimos llevar termo de agua caliente, vasos, azúcar, sacarina, café, té, y galletas. Seguramente ella no podría comer nada de eso, pero haría más acogedora la estancia. No queríamos molestar a nadie, además que una Clínica no es precisamente un hotel, por lo que pedir agua caliente y cosas para comer a la habitación era ridículo de considerar.

Antes de llegar, y para despistarla, le mandábamos muchos wsp deseándole ánimo, fuerza, y fe. Todos los mensajes hacían pensar que no iríamos, así nuestra visita sería sorpresa. Le decíamos que las múltiples tareas domésticas pendientes, nos impedían llegar a la clínica. Por la vía virtual le deseábamos mucha suerte y le decíamos que rezaríamos por ella para que todo saliera bien al día siguiente.

Una vez que logramos juntarnos en la entrada de la clínica, subimos, pero antes de entrar a su habitación, le mandamos un wsp con una foto de nosotras pegadas a su puerta. Esperamos que la foto tuviera los dos check de leído antes de entrar. Pusimos la oreja en la puerta esperando escuchar su risa y que con un "locas entren" nos hiciera pasar. Pero nada de nada. Seguíamos muertas de la risa sin escuchar una palabra de PatyS. Nuestras carcajadas comenzaron a molestar a las enfermeras que empezaban a mirarnos con cara de desagrado. El nivel de chacota excedía lo permitido en zona de hospital. Dado eso, decidimos entrar. PatyS, que jamás vio la foto en su wsp, tejía feliz en compañía de Marcelo. Nos miró con cara de asombro ya que en verdad no nos esperaba; al menos habíamos logrado sorprenderla. Estaba feliz. Comenzamos a desplegar el "DiscurriClinicTecito" y pasamos un grato momento recordando anécdotas y conversando algunos detalles de lo que sería su intervención. Cuando nos fuimos, algo angustiadas por lo que pasaría, nos despedimos dejándole todas nuestras buenas vibras y cariño.

Su experiencia en pabellón fue esotérica. Ella pidió estar despierta durante el procedimiento, cosa que permitía este tipo de intervenciones.

Y entonces sucedió. Nos contó que, por el tiempo que duró la operación, estuvo muy bien acompañada por muchas almas que la cuidaban. Algunas de ellas eran familiares que ya habían partido. Las podía ver, estaban a su lado transformando su preocupación en plena paz. Gracias a ellos estuvo tranquila durante todo el tiempo que duró el proceso. PatyS tiene la capacidad de ver almas que aún andan en esta tierra, ya sea terminando lo pendiente o cuidándonos. Todo transcurrió en un ambiente muy especial, celestial y etéreo. Nos contó también, que ver su corazón en una pantalla de monitoreo, fue algo maravilloso. Lo vio en colores y en tres dimensiones, algo muy especial y único que no cualquiera puede vivir. La gran sensibilidad de PatyS y su potente capacidad de conectar con otras dimensiones es un tema difícil de explicar con la razón.

Nunca podremos entender lo que hay más allá y tampoco entenderemos a las personas que tienen el potencial de vincularse con ese más allá. Me encantaría tener ese don y hablar con esos seres queridos que ya partieron. ¡Les haría tantas preguntas!

Las personas que he conocido con esa capacidad dicen que, el mensaje de los que ya no están con nosotros, siempre es tranquilizador; están en un lugar repleto de paz, luz y tranquilidad. Pero que ganas de saber más, a qué se dedican en esa eternidad, cómo es Dios, con quiénes se han reencontrado en el cielo, cómo es ese cielo, si nos acompañan acá en la tierra como ángeles, si alguna vez intervienen a nuestro favor o el libre albedrío ejerce su poder sin la mediación de ellos en nuestro destino. En fin, haría tantas preguntas. Pero tendremos que conformarnos con la esperanza de tener esas respuestas cuando sea nuestro turno de cruzar la frontera de la vida a la muerte. Ojalá ese cruce sea fácil y bello.

Volviendo a la operación de PatyS, a Dios gracias todo salió bien y la intervención fue un éxito. No hubo necesidad de trabajar a corazón abierto, lo que fue un inmenso alivio para todas. Tendremos PatyS por mucho tiempo más.

13

DiscurriGira al Sur

13
DiscurriGira al Sur

Y nos fuimos a Rupanco; lago del sur de Chile en donde tenemos el privilegio de tener una "Discurri-Sede". Descansar, tejer todo el día, conversar, comer pan amasado y piscina temperada, fueron la combinación perfecta para el relajo. De un minuto a otro decidimos irnos y el contagioso entusiasmo de cada una ayudó a concretar el viaje. Aún no alcanzaba a comprar mi propio pasaje en avión, cuando PatyS ya tenía el suyo. Su determinación hizo que las demás comenzáramos a comprar rápidamente. La más nerviosa de todas era PatyG porque Claudio, su esposo, que llegaba todos los días agotado del trabajo, no la ayudaba a cerrar la compra por Internet, así es que, en su caso, nos dieron pasada la media noche frente al computador. Gabby siempre es la más relajada en cuanto a pasajes aéreos se refiere, ya que, con marido piloto comercial, tiene siempre asiento asegurado, aunque haya que quitárselo al capitán de la nave. Finalmente estábamos todas embarcadas, así es que al oído de "cross check y reportar" o mejor dicho, "crochet y reportar" nos elevamos a cuarenta y cinco mil pies rumbo al sur de este hermoso Chile.

Hicimos de todo; traspasamos la frontera para ir a Villa la Angostura en Argentina, una hermosa ciudad de la Patagonia que nos ofrecía buenísimos restaurantes para saborear un buen trozo de carne porteña y entretenidas tiendas de ropa de excelente calidad. También fuimos a la "Casita de Té de Lavanda" en Frutillar, a saborear las ricas onces alemanas. Este lindísimo salón de té ambientado a la antigua, con tacitas de porcelana pintadas con delicadas flores, finas teteras y elegantes platos, nos regalaba un entorno con jardines repletos de lavandas y una espectacular vista al Lago Llanquihue.

El descanso era perfecto; dormíamos hasta tarde (las que podían) y el calor de una rica chimenea nos acompañaba todas las noches en donde la lengua no paraba.

Tuvimos unos días increíbles, repletos de sol y agradable temperatura que nos permitió navegar e incluso darnos un buen chapuzón en el lago. En marzo, ya no hay veraneantes, así es que estábamos solas y a nuestras anchas. Disfrutamos del agua y decidimos hacernos una sesión fotográfica como si fuéramos la más espectacular de las modelos. No sé en qué estaríamos pensando, pero nos sentíamos mujeres de pasarela con cuerpos esculturales y luciendo nuestros bikinis, posábamos buscando el mejor ángulo para lograr la fotografía perfecta del momento.

En la noche, decidimos ver las fotos que nos habíamos tomado y al ponerlas a toda pantalla en el computador...¡ah noooooo!, ¡valoooorrr!... nuestras ridículas poses sobre las rocas, a lo *"Femme Fatale"* nos hacían reír sin parar. Algunas incluso no podían contener sus vejigas y salían corriendo al baño.

No éramos precisamente Angelina Jolie ni Jennifer López. La revelación de la pantalla mostraba clara y categóricamente la edad que tenemos y las "pequeñas" deficiencias corporales que presenta nuestro físico. Al parecer, ya no estamos para bikini, pero las risas que causó la hazaña, minimizaban la cruda realidad.

Uno de los grandes hallazgos de la sesión fotográfica de ese día, fueron las margaritas. Las "margaritas" son unos pequeños y sexys hoyuelos que se le forman a las personas en sus mejillas al sonreír, pero esta vez no eran en las mejillas sino en las nalgas. No vamos a dar el nombre de la dueña de las margaritas en su trasero, sería algo vergonzoso. Mantendremos el secreto y como dicen en las películas, "los nombres han sido ocultados para proteger a los inocentes". Ni ella sabía de la existencia de estos simpáticos hoyuelos: ¡tiene un trasero que sonríe!

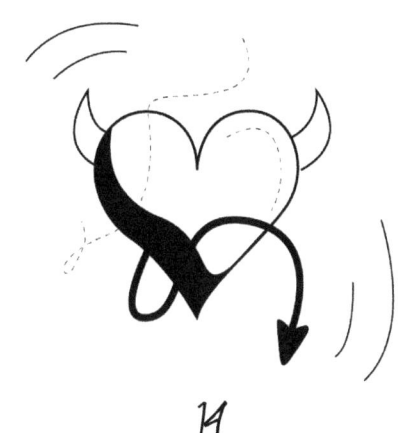

14
Nuestro lado oscuro

14
Nuestro lado oscuro

A veces no todo es risas y profunda conversación. También tenemos un lado oscuro que se muestra cuando surgen los intereses personales y egoístas.

Ya he comentado que somos como niñas chicas; todas queremos el mismo juguete y también todas queremos ir al mismo paseo. Esa actitud infantil es la que hace surgir nuestras tinieblas internas, esas que se asoman cuando vemos amenazado nuestro propio beneficio y prima el individualismo por sobre la generosidad.

En una de nuestras tantas reuniones de tejido, esta vez en el departamento de Gabby, decidimos ir a la Feria del Diseño. Elegimos el día viernes en la mañana, partiendo entre 10:00 y 10:30. El destino era Estación Mapocho, la antigua estación de trenes de Santiago, transformada en centro de eventos y exposiciones. Berna dijo que tenía control médico y que se desocuparía a las 11am. Comentó que trataría de ir más temprano para ver si la atendían antes y así poder sumarse al paseo.

Llegó el viernes con un despertar repleto de *brrr, brrr, brrr*; sonido que hace el celular cada vez que vibra con la recepción de un mensaje. Comenzaban a llegar los inconfundibles wsp de las Discurrías. Era el inicio de la organización del paseo y había que coordinar punto de encuentro, afinar horario y confirmar en cuantos autos iríamos. La idea era ir en un solo auto y el único con capacidad para todas era el de Dany, que se convertiría en el "DiscurriMovil" para este paseo.

Y comenzaban los whatsapp:

-Yo: *Dany ¿nos vamos todas contigo?*

-Gabby: *Cathy ven a mi casa, tomar la autopista desde acá es más rápido.*

-Dany: *paso a buscar a Lily, que no tiene auto, y de ahí me voy donde Gabby.*

-Yo: *ok, me voy donde Lily entonces.*

-PatyG: *me voy donde Gabby.*

-Yo: *parece que Gabby me queda más cerca, me voy para allá mejor.*

-PatyS: *¡uuuy! que amanecieron enredaaaadaaaas....*

-Yo: *Así parece jaja, cómo sería si fuese un viaje a Europa; ¡por suerte es solo un paseo a la Estación Mapocho!*

-Berna: *yo me desocupo a las 11.*

Llegaban los wsp definiendo hora, lugar, cuánto nos faltaba para estar listas, etc. Dany informaba que iba donde

Lily, pondría bencina y de ahí donde Gabby a buscarnos. Y entre medio de los mensajes de quienes estábamos coordinando la ida a la exposición, PatyS, clava su aguja de la discordia. Ella, que ni siquiera iría con nosotras por tener un compromiso con su mamá y su tía nos dice: *"esperen a Berna, no sean mala onda!!"*, a lo que Lily y yo contestamos: *"carbonera"*.

"Carbonera" es esa persona que aviva el fuego, y en este caso PatyS, estaba poniendo más combustible a una situación que comenzaba a gestarse; en el fondo no estábamos siendo capaces de esperar a Berna, porque, en nuestro afán de no perdernos el panorama, solo pensábamos en partir corriendo al punto de encuentro y contar con el aventón que nos daría Dany, llevándonos a todas en su auto. El no esperar a Berna, se transformaría en un problema.

Y así wsp's iban y venían. Finalmente éramos cinco en el punto de encuentro: Dany, PatyG, Lily, Gabby y yo. Berna seguía informando que se desocupaba a las once, pero según lo acordado, el encuentro era a las 10:15 para partir a las 10:30. Y cumplimos el itinerario.

Partimos a Estación Mapocho sin contratiempos. El lugar estaba muy entretenido y repleto de artesanías, tejidos, terrarios, lanas, artículos de cocina, fotografías y un sin número de elementos decorativos. Una gran exposición de cosas novedosas para la casa, jardín, y el hogar en general.

Lo pasamos muy bien recorriendo cada uno de los stands. Por supuesto hicimos un ameno *break* acompañado de un rico café. Salí de ahí feliz con algunas compras:

un hermoso terrario, unas cucharas de silicona muy prácticas para la cocina, un contenedor de hierbas (que en verdad no me ha servido de mucho) y un tazón de cerámica gres para tomar sopa. Sacamos fotos del momento para compartirlas con las que no habían podido ir, y así hacerlas participes del paseo que se habían perdido.

De regreso a casa, en el "DiscurriMovil", íbamos muy contentas riéndonos del grato momento y haciendo recuerdos de lo bien que lo pasamos juntas cuando hacemos panoramas. Uno de esos recuerdos fue el viaje a Rupanco. Ese viaje había sido demasiado entretenido y estábamos resueltas a repetirlo, esta vez con parejas incluidas. Así es que comenzamos a gestar la nueva "DiscurriGira". Nos pusimos a buscar fechas en el calendario y descubrimos una, que al menos para las que estábamos presentes, nos acomodaba: del 20 al 26 de octubre. La idea era partir nosotras primero y después se sumarían nuestros maridos, ya que por razones de trabajo ellos no podrían ir una semana entera. Decidido así, el viaje lo iniciaríamos el día lunes y ellos llegarían el jueves para regresar todos juntos el domingo.

¡Listo! Sonaba ¡espectacular! Nueva "DiscurriGira" en primavera, una maravillosa época del año para visitar el sur de Chile: todo verde y florido.

Cuando ya teníamos todo organizado, entre las cinco Discurrías que estábamos presentes, decidimos informar a las otras dos ausentes, así es que Gabby envió en wsp diciendo:

-*"En "DiscurriReunión" móvil se ha decidido realizar una nueva "DiscurriGira" con maridos, pero en dos etapas:*

primero Discurrías llegando lunes 20 y luego llegan Discurri-Maridos jueves 23, para regresar todos juntos domingo 26 de octubre."

El mensaje daba por cerrada la discusión de buscar nuevas fechas, por lo que solo bastaba esperar las confirmaciones de PatyS y Berna que eran las no presentes. Y en ese instante Berna responde:

-*"Yo no puedo en esa fecha; con Baldo estaremos en Australia"*

Su respuesta echó por tierra la travesía, pues la intención era que no faltara nadie. Pero como estábamos en plena chacota en el auto, seguimos insistiendo en que en esa fecha se realizaría sí o sí nuestro paseo y que nada lo impediría. Por eso seguimos molestando a Berna diciéndole que la extrañaríamos mucho, que para la próxima podría estar presente, que era lamentable que ella no pudiera ir con nosotros, pero que de seguro su viaje sería aún mejor que el nuestro. La molestábamos con muchos mensajes irónicos en donde le transmitíamos que, aunque ella no estuviera, la DiscurriGira se realizaría igual. Fue un largo rato de mensajes muy sarcásticos que le transmitían que en realidad no nos importaba su ausencia en esta "DiscurriGira", aunque en realidad ya habíamos descartado la idea. Estábamos con tanta energía para reírnos de cualquier cosa que convertíamos todo en una potente broma. Berna insistía en que ella no podría ir y nosotros insistíamos, irónicamente, en que lamentaríamos su ausencia.

Nos reíamos de lleno a expensas de ella. PatyS no apareció en escena.

Después de este episodio, tuvimos un "relativo" y silencioso fin de semana. Y digo relativo porque no pasa día en que no haya un wsp por ahí, sin embargo, estábamos bastante calladas. Solo unos pocos wsp a los que todas contestaban, excepto Berna. Raro, extraño, y sospechoso, porque ella siempre contesta algunas líneas. ¿Berna en silencio? Era una mala señal.

Generalmente, cuando alguna de nosotras no contesta, es porque está enferma, se siente mal o atravesando una situación difícil. Incluso en esos casos todas comentamos algo. Solo una frontera o el espacio exterior podría separarnos por más de 24 horas, porque la verdad es que ni las fronteras ni las grandes distancias nos separan. Solo la falta de conexión a wifi o ser abducidas por algún extraterrestre podría hacernos desaparecer del wsp.

Pues bien, esto ya empezaba a oler mal. Berna no enviaba ninguna señal.

Llegó el martes y comencé a mandar wsp para coordinar nuestra "DiscurriJunta" semanal. Con el fin de saber quiénes vendrían al día siguiente a casa, envié el primer mensaje al que de inmediato respondieron:

-Lily: *yo voy*

-PatyG: *yo voy*

-Dany: *yo también voy*

-Gabby: *yo también voy*

-PatyS: *yo no puedo, inconveniente de último momento.*
-Berna,… silencio….silencio…silencio.

En este ir y venir de respuestas, recibo por interno un wsp de Berna solo dirigido a mí: *"Gracias Cathy pero yo no voy mañana".*

-Yo: *¿por qué no?*
-Berna: *porque estoy triste y no quiero que me molesten.*
-Yo: *¿Por qué estas triste?, ¿qué pasó?*
-Berna: *me dolió mucho que no hayan sido capaces de esperar media hora para ir juntas a la feria de Estación Mapocho el viernes y que después, además, organizaran viaje a Rupanco con maridos, sabiendo que yo no podré ir porque estaremos en Australia con Baldo en esa fecha.*
-Yo: *Pero Berna ese viaje a Rupanco no está cerrado, es solo una idea.*
-Berna: *igual lo pase pésimo el fin de semana, me lo llore todo.*

Después de leer sus mensajes, en donde me contaba que había estado triste todo el fin de semana y de darme cuenta que había sido por culpa nuestra, tomé teléfono y la llamé. Un wsp no servía para conversar algo tan sensible y respecto de lo cual también yo había sido cómplice.

Me comentó que había estado bastante deprimida, que le había dado muchas vueltas a lo sucedido y que quedó asombrada y dolida de nuestra incapacidad de esperarla escasos veinte minutos; ese tiempo le hubiera permitido sumarse al paseo de Estación Mapocho. Después, y para empeorar la situación, me comentó que se había sentido por completo excluida, cuando en su ausencia, organizábamos un viaje en el cual tampoco podría participar. Esto le gatilló un profundo deseo de no querer pertenecer a un grupo, en el cual sentía no ser importante para nadie. Tuvo unas ganas enormes de no vernos más y eso le dio mucha pena. Berna había sido la fundadora de este grupo, junto a Lily y PatyS, y generosamente, fue abriendo las puertas para que las demás ingresáramos. Lo que había sucedido representaba un gesto de falta de gratitud y solidaridad de nuestra parte.

La conversación también me dolió. Ella tenía toda la razón. Yo había actuado como niña chica al partir corriendo al punto de encuentro en donde nos juntaríamos para ir a la exposición. No quería perderme ese paseo e hice lo que pude por lograrlo sin pensar en nadie más que en mí. Y respecto del viaje al sur, también había sido culpable de causarle esa pena avivando el fuego de la ironía; haciéndole sentir que no nos importaba su ausencia y molestándola al decirle que Australia era un destino mucho más interesante que Rupanco.

Al avanzar en la conversación me di cuenta que yo también había sentido esto un par de veces, sin embargo, no se los había hecho ver para no levantar polémica. Más de alguna vez, llegué por mis propios medios a muchos paseos a los cuales tampoco nadie me esperó, pero como no quería perderme la ocasión de estar con ellas, partía igual sola. A veces no es el paseo en sí lo que nos lleva a dejar todo por estar ahí, sino que priman las ganas de estar juntas haciendo lo que sea. Frente a esto, y empatizando de corazón con Berna, no tuve más remedio que pedirle perdón. Realmente me di cuenta que, por media hora de espera, nada habría pasado. No se cerrarían las puertas, no se iría un avión, no era Brad Pitt ni George Clooney quienes nos esperaban y que era una simple exposición que tendría las puertas abiertas de 10am a 10pm, por lo que media hora de espera no habrían tenido ninguna importancia.

Entre broma y broma PatyS nos lo había hecho ver, pero aun así no hicimos caso, o mejor dicho, no quisimos hacer caso a sus palabras. Incluso, a su mensaje de *"esperen a la Berna, no sean mala onda"*, contestamos "carbonera" ya que sabíamos que el no esperarla, era un acto de mala voluntad que traería consecuencias. Y así fue.

Berna levantaba un tema frente al cual tendríamos que tomar conciencia. Somos un grupo de amigas en donde lo central, lo que nos une, y por lo cual nos envidia mucha gente, es que queremos estar JUNTAS...sea donde sea, haciendo lo que sea y compartiendo lo que sea; penas, alegrías, tejido, paseos, ayuda, silencios y el día a día. Por eso, si no hay una situación crítica, en donde realmente no se pueda esperar un tiempo adicional o cambiar una fecha, la prioridad es la amistad, el cariño que nos une y las ganas de estar reunidas. Así es que, si hay que esperar media hora o más, valdrá siempre la pena esperar para estar JUNTAS.

Le pedí perdón, hice conciencia del punto y le dije que conversaría con las demás. Ella no quería hablarlo, no era su intención alardear de algo que tal vez para las demás tenía poca importancia, solo quería calmar sus aguas y enfriar su mente. Pero en realidad había un tema de fondo en nuestra actitud y yo sentía que esto no se podía dejar pasar haciendo como si nada hubiera sucedido y menos si una de nosotras había sufrido por ello.

Al día siguiente nos juntamos en el departamento de PatyG. Solo faltaba PatyS y Berna. Algunas de nosotras habíamos alcanzado a conversar sobre lo sucedido. Expusimos el tema y descubrimos con sorpresa que varias habíamos pasado por momentos similares. Eso de sentirnos excluidas y no tomadas en cuenta fue un balde de agua fría. ¿En qué estábamos pensando? ¿Qué estamos haciendo? Se supone que nos jactamos de estar en todas, en las buenas y en las malas, de que somos increíbles, de que nos queremos mucho, que nos cuidamos y protegemos y resulta que aparecen situaciones en que varias nos habíamos sentido igual que Berna. Nos creíamos las mejores amigas y aun así nos habíamos estado hiriendo sin saber.

Al conversarlo nos dimos cuenta, que a veces somos bastante ataratandas, y que si bien es cierto no actuamos con premeditación, surge el egoísmo que nos arrastra a no pensar en nadie más que en nosotros mismos.

Somos siete mujeres diferentes; con diferentes vivencias, problemas y dolores. Tenemos diferentes hábitos, costumbres y personalidades y eso nos enriquece. Es esa riqueza la que debemos atesorar y cuidar con el alma. Es parte del regalo que cada una recibe de la otra. Por eso, lo que había sucedido tenía que darnos una lección: el respeto y consideración por el otro era un valor fundamental que no podíamos olvidar.

Lo que sucedió, quizás fue un episodio poco relevante, pero gatilló algo que no podíamos permitir que nadie sintiera: soledad. Yo había expresado mi arrepentimiento y el resto lo haría también, pero la lección aprendida era que NUNCA DEBEMOS ABANDONARNOS. Eso fue lo más lindo.

Ciertamente hay situaciones en donde no podremos estar todas presentes, pero si eso sucede, que la única razón sea por fuerza mayor, porque realmente no pudo sumarse, no porque fue excluida.

Nuestros encuentros semanales son una instancia menor, en donde si una no puede estar no implica demasiado. Pero si de momentos especiales se trata, como viajes, paseos, visitas a exposiciones u otros, la idea es tratar de que todas puedan ir. Como ya he dicho varias veces, somos niñas chicas queriendo siempre ser parte del juego que se vaya a jugar. No nos gusta perdernos ningún panorama, así es que, si eso es posible, pues hay que tratar de hacerlo posible.

De todo esto, aunque parezca insignificante, aprendemos a ser mejores personas.

15
Laguna mental

15
Laguna mental

Ya todas bordeamos los 50 años, e incluso algunas los sobrepasan, pero nos sentimos de 15, porque somos demasiado niñas jugando a ser mamás, dueñas de casa y esposas. Es que cuando nos juntamos, emerge esa pre adolescente que llevamos dentro y que nos hace disfrutar intensamente.

Hacemos lo más rápido posible, todas las tareas del hogar, con el fin de llegar sin demora a nuestro ansiado "DiscurriOasis" semanal. Así fue, como una soleada mañana de primavera, nos juntamos donde Gabby a compartir un té repleto de apetitosos platillos. Entre todo lo que conversábamos, alguien comentó que, al llegar al estacionamiento del edificio, escuchó un auto que estaba con el motor encendido, pero sin nadie adentro. El dueño debió tener mucha prisa para dejarlo así. Aunque también comentamos que los autos petroleros, una vez que uno se baja y apaga el contacto, siguen sonando como si estuvieran prendidos. En fin, otro de los tantos temas que comentamos durante nuestras amenas reuniones.

Pasamos entretenidas tres horas de charla, tejido e intentos por mejorar el mundo, hasta que llegó la hora de partir. La primera en llegar a su auto fue Berna, quien impactada nos escribe desde el estacionamiento:

Berna: *¡es mi auto, y esta andandooooooo!*

Gabby: *eres la primera que va a usar burrito parece, jaaa*

Lily: *Oooohhhh*

Berna: *terrorífico lo loca que estoy, no puedo creerlo.*

Gabby: *nosotros tampoco.*

Yo: *Igual a Dory, de buscando a Nemo jaaaa.*

Berna: *atroz, nunca me había pegado tamaña patinada cerebral; ¡qué miedo!*

Gabby: *uufff la volá....y ¿cuánta bencina habrá gastado? Como dato freak...*

Berna: *nada, es económico.*

Gabby: *que bueno.*

PatyG: *no te preocupes Berna de seguro me habría pasado a mí también.*

Berna: *Si hubiera dejado las llaves adentro sería más normal, pero dejarlo andando, listo para que se lo roben, llegar y llevar....*

PatyS: *Sin comentarios. Bernardita cuevas, cuevas.*

Gabby: *y ¿qué te dijo tu marido?*

Berna: *solo preguntó si se había calentado mucho el motor, jaaa. Necesito un auto que no use llaves. Y mejor no cuenten conmigo para cuidarlas cuando sean viejas porque las abandonare en la plaza jaaaa. Aprovéchenme antes que me olvide de ustedes.*

Dany: *no vas a poder usar burrito con motor, jaaaa*

Lily: *yo te empujo la silla de ruedas.*

Berna: *me asusta igual.*

Gabby: *yo estaría asustada si fuera tú, jaaa*

Yo: *hazte ver linda, mejor análisis neurológico que limpieza de cutis hoy, jaaa*

Gabby: *el primer síntoma de las viejitas antiguas, era dejar la cocina prendida, las viejitas modernas dejan el auto andando jajajaja.*

Reímos de buena gana con este episodio, y aunque Berna de verdad estaba preocupada, preferimos tomarlo a la chacota que alarmarnos por una de las primeras lagunas mentales en el grupo; ¿sería el inicio del "DiscurriAlzheimer"?, esperábamos que no. Solo le había pasado por llegar corriendo donde Gabby y no querer perderse ni un minuto de nuestra junta. Si volvía a ocurrir tomaríamos cartas en el asunto, por ahora había sido el mejor momento del día para todas.

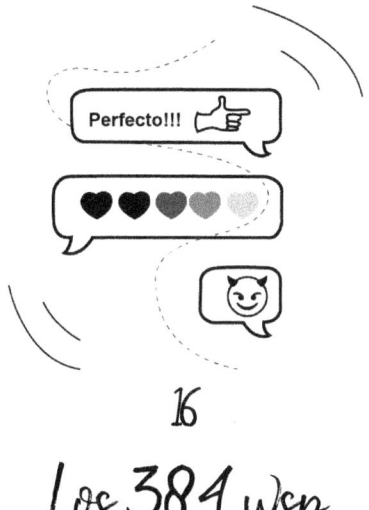

16
Los 384 wsp

16
Los 384 wsp

¡Ah nooooo! se pasaron. ¡En verdad se pasaron!

En el tiempo en que sólo me duche, me vestí y prepare mis cosas para partir a un entretenido fin de semana fuera de Santiago con mi marido, estas locas escribieron más de 300 wsp. Creo que esta vez, sí fue un récord. Era imposible tener tiempo suficiente para leerlos, y menos cuando tenía que hacer maletas y partir de viaje.

Los 384 wsp comienzan con una deliciosa foto de una exquisita cazuela cocinada por PatyS para Marcelo, que regresaba a Chile desde Ecuador, con un antojo muy específico: comer un plato bien chileno.

La foto nos hace salivar a todas de solo verla. Ese exquisito caldo sazonado a la perfección, sobre el cual flotan deliciosos trozos de pollo, choclo, zapallo, porotos verdes y papas, se veía delicioso. Ese plato daba inicio a una lluvia de mensajes:

-PatyS: *buenos días, ¡lista la cazuela! Cathy ¿cómo amaneciste? Berna ¿la alergia? PatyG ¿cómo esta Viña? Dany ¿cómo va el día? ¿Corriendo?*

-PatyG: *¡holaaaaaa!*

-PatyS: *Gabby ¿terminaste el tejido?*

-PatyG: *jaaaaaa*

-PatyS: *Lilyyyyyy ¿durmiendo? Holaaaaa*

-Gabby: *uuuuuuhhhh que rica esa cazuela, ¡ideal para el día! ¿Cómo amaneció Dolly Parton?*

Aquí debo hacer un paréntesis. Dolly Parton soy yo. Recibí ese apodo de mis queridas amigas, no porque tuviera protuberantes o enormes senos como aquella actriz, sino porque a mis apenas 48 y joviales años, estaba sufriendo de una incómoda mastitis. Es muy raro que esto suceda a mi edad, pero casos raros hay en todas partes.

Pasé un gran susto la mañana en que, al despertar, sentí un gran dolor en mi pecho derecho. Al palparlo percibí además una dureza que hizo atravesar por mi cabeza la sombra de la existencia de un posible tumor. Eso me hizo temblar de angustia, así es que de inmediato pedí hora al médico. A Dios gracias no era nada grave y el diagnóstico fue claro y de fácil tratamiento.

Debo ser una de las pocas mujeres que, con histerectomía total, sufría de una mastitis. La doctora, especialista en mamas que me examinó, dijo que a las madres abnegadas y buenas amamantadoras como yo se les podía producir este fenómeno que no es más que una obstrucción de uno de los conductos de la glándula mamaria. Había amamantado por 11 meses a cada uno de mis 4 hijos: 44 meses de mi vida había alimentado a mis terneros. Por suerte la solución era simple, y ahí estaba yo, tomando antibiótico y antiinflamatorio para pasar el trance.

Por eso Gabby, refiriéndose divertidamente a mí, preguntaba por Dolly Parton.

Y continuaron los mensajes:

-PatyG: *te pasaste PatyS, se ve exquisita esa cazuela.*

-Gabby: *anoche tejí, pero no avancé mucho.* (Gabby respondía a la pregunta que PatyS había hecho hace ya muchos wsp atrás)

-PatyG: *¡eso!, me sumo a las preguntas de la PatiS… ¿cómo amanecieron toitititas?*

-PatyS: *paciencia Gabby ya terminaras jiii… PatyG ¿está lloviendo en Viña?*

-PatyG: *yo bien, flojeando todavía. El día como el "culin"* (aludiendo a que el clima esta como un feo trasero. Recordemos que PatyG está en Viña, quinta Región del país, hermosa ciudad frente al mar). *Feo pero no llueve todavía.*

-PatyS: *sí, mi hermano esta en Zapallar y dice que hace mucho frío.* (Zapallar es un balneario muy elegante y tradicional también situado en la zona central costera de Chile)

-Dany: *holaaaaa, yo en camita, soñando con la cazuela de la PatyS.*

Era demasiado extraño que Dany, aún estuviera acostada siendo las 11:08 de la mañana. A esa hora, por lo general, ya ha hecho un cúmulo de cosas: pasear al perro, aseo, compras de supermercado, pintado a lo menos cuatro cuadros y enmarcado varios espejos, arreglado las uñas, alisado el pelo, y eventualmente, vendido algún cuadro con solo subir la foto a facebook. ¡Ah!, pero se me olvidaba: es 1 de mayo, día del trabajador, día en que nadie trabaja y está todo el comercio cerrado. Eso explicaba que ella estuviera aún en cama, disfrutando de su día. Trabaja demasiado en los asuntos del hogar, hijos, marido y negocios del arte, así es que se merecía ese día para descansar.

Y seguían los wsp:

-PatyG: *sí, invierno pleno, nosotros cruzando los dedos para que no llueva y poder hacer un asado.*

-Lily: *que rica tu cazuela PatyS. Yo recién tomé desayuno (11:09) ahora me voy a la ducha.*

-PatyG: *¡esa cazuela tiene onda! Quiero puro probarla.*

-Gabby: *la Cathy aún debe estar durmiendo por los remedios.*

-PatyG: *¡Dany! es tarde levántate.*

-Lily: *juajajajaj… noooo, esta rica la cama.*

-PatyS: *Lily, ¡la receta del pan de miel por favor!*

-Lily: *le saco foto en un rato y te la mando.*

-Gabby: *la Dany no necesita levantarse porque en la cama pela porotos, teje amigurumi y pinta cuadros.*

-PatyS: *jaaaaaa. Yo me contagié con la Dany, ya hice almuerzo, postre, aseo, lavado y termine el chaquetón de la guagua jaaaaaaa*

-Lily: *jaaaaa*

-Dany: *estoy regaloneando con Benja* (su hijo).

-PatyG: *Berna ¿terminaste tu pintura?*

-PatyS: ...(pone la imagen de las manitos con pulgar arriba expresando su aprobación, supongo que a Dany, por estar regaloneando con Benja)...

-Lily: *Gabby ¿avanzaste ayer?.*

-Gabby: *si algo* (y pone una carita triste)

-Lily: *PatyS, manda foto del chaquetón.*

-Gabby: *ahora me pondré a tejer otra vez.*

-PatyG: *muestra qué vas a hacer Gabby*

-Lily: *La Gabby estará tejiendo hasta las cuatro de la mañana.*

-PatyS: *Yo ahora estoy ordenando la cocina*

-Lily: *eso Gabbyyyyyy* (contestando a Gabby que hace ya cuatro mensajes atrás comenta que comenzaría a tejer de nuevo).

Y entonces PatyS envía una foto con el detalle de su lavaplatos repleto de cosas sucias que debe lavar y Gabby envía una foto, de algo más bien cuadrado y sin forma específica, que está tejiendo supuestamente para algún bebé. Usa una hermosa lana de suaves colores; rosado, verde, amarillo, blanco y comenta:

-Gabby: *chaleco de bebé.*

-PatyS: *está lindo*

-Lily: *jaaaa...avanzaste más tejiendo con nosotras.*

Y llega otra foto. Esta vez de PatyG donde muestra una especie de pulpo tejido a crochet. Una hermosa pelotita con unos mini tentáculos, todo en color fucsia y con un tierno y pequeño gorrito verde fosforescente. Los ojos también están tejidos en fondo blanco y pupilas negras. Ella ya es una experta en amigurumis. Complementa la foto con un mensaje que dice: *"otro pulpo, terminado"*.

-PatyS: *¡Lily, la receta porfa!* ...(y agrega)...*Uuuuhhh que lindo PatyG*

-Lily: *¿lo hizo tu marido?* (Burlándose del pulpo hecho por PatyG, que le había quedado bastante bien dentro de todo).

-Gabby: *jajajjajaj*

-PatyS: *¡Lily, Lily!...la receta...*

Y PatyS no conecta con otro tema que no sea la receta del pan de miel, tiene fijación por ese dato y no quiere que Lily olvide enviársela.

-Lily: *PatyS ya te mandaré la receta, es que estoy en pijama y Vince* (su hijo) *trajo a un compañero de Universidad a dormir a la casa. No puedo bajar a la cocina en esta facha.*

-Gabby: *te dijo que sacaba foto y te la manda, paciencia PatyS.*

-PatyS: *ok. No te preocupes Lily, espero.*

-Lily: *eso. ¡Ya!, me voy a la ducha. No hablen para no perderme nada jaaaa*

-Gabby: *jaaa bueno.*

-PatyG: *baja no más Lily, si se topa contigo el amigo de Vince saldrá corriendo de susto y apenas te mirará, jajajaja.*

-Gabby: *ooooohhhhhh, que mala, jajajaja.*

-PatyG: *Cathy ¿cómo amaneciste? Quiero cazuela* (y agrega una carita llorando)

-PatyS: *jaaaaa*

Y aparece Dany conectando transmisiones de nuevo. Leyó todo lo escrito y hace un resumen:

-Dany: *PatyS mi mamá, que estoy hablando con ella, me está dando la receta del pan de miel de su abuelita.*

Como vemos, Dany habla por teléfono y además escribe wsp. Muy de ella hacer muchas cosas a la vez.

En todo caso, a estas alturas la conversación es un total enredo. Ya no sé si la receta es de pan de miel o de cazuela o pulpo, ¿o el pulpo era el tejido? ¿O era un chaleco de bebe en forma de pulpo? La verdad es que, el misceláneo de mensajes es tal, que suelto una gran carcajada y Pablo me mira con cara de pregunta.

La lluvia de mensajes continúa, y ahora Gabby manda una tremenda foto, en primer plano, de Dolly Parton con sus tremendos senos en gran close up. Obvio que alude al problema de mi mastitis y senos inflamados. No puedo más que seguir riendo un buen rato con la foto, mientras ella escribe:

-Gabby: *esta es la Cathy despertando, jajaja…*

Y de nuevo aparece Dany, ahora sí, dando la famosa receta de pan de miel:

-Dany: *toma nota PatyS*

-PatyS: *yaaaaa*

-Gabby: *pero la receta de mi mamá es de un queque, Dany.*

-PatyS: *Yo tengo una receta, pero es muy complicada de hacer, quiero una más simple.*

-Gabby: *Dany, la PatyS quiere pan....*

-PatyS: *sí, pan de miel, igual dámela, yo anoto.*

-PatyG: *también quiero pan de mieeeel...*

-PatyS: *jaaaaa*

-Dany: *Esta receta es de pan, la de queque es otra. Ya PatyS ahí va.*

-PatyS: *yaaaa, lista para anotar, jaaaa*

-Dany:

2,5 tazas de harina,
media cucharadita de café en polvo,
media de miel,
media cucharadita de sal,
un cuarto taza de azúcar,
una taza de leche,
2 cucharadas de polvos de hornear y una de bicarbonato,
1 huevo,
4 cucharadas de aceite,
ralladura de naranja.
Todo mezclado y 35 minutos al horno.

Las Discurrías y sus "sin cuenta" What's Up

Y mientras PatyS anota la receta, PatyG manda un wsp resumen:

-PatyG: *a ver, ordenemos esto: Lily en la ducha, Dany flojeando y dando recetas, PatiS cocinando, Gabby tejiendo, Cathy y Berna durmiendo, yo a la ducha....gracias Dany por la receta, me levanto a cocinar de inmediato jajajaja..*

-Dany: *jaaaaa*

-PatyG: *jaaaa* ....(y agrega muchas caritas felices con besos y corazones).

-Dany: *put... ahora mi mamá dice que esa no es la receta de su abuelita.* (Dany se enoja con su mamá porque no era la información correcta).

-PatyS: *ya po', no escriban que no puedo terminar de leer la receta jaaaaa*

-Dany: *...ahora me da la de la abuelita, jaaaa, espera.*

-PatyS: *no me tinca con café y leche* (y pone monitos con lengua afuera y ojos saltones como desaprobando la receta que le acaban de dar, y a continuación dice):*... espero.*

-Dany: *Acá va la otra receta, esta si es la de la abuelita, anota:*

1 taza azúcar,
2 tazas de leche,
4 tazas harina,
2 cucharadas de mantequilla,
2 cucharaditas de bicarbonato,
1 taza de miel, pasas y nueces.

Se bate primero miel, azúcar, leche y mantequilla, luego harina y bicarbonato y al final los demás.
Se vacía en molde enmantequillado y se pone al horno precalentado.

-PatyS: *Supeeeer, graciaaaas*

-Dany: *…(imagen de manito diciendo ok)*

-PatyS: *…y seguro es con horno suave y lento.*

-Dany: *manda foto cuando lo hagas para ver cómo te queda.*

Y entonces aparece Berna. Ya son las 11:27 de la mañana y llevamos apenas 90 wsp.

-Berna: *yo tengo una receta, pero estoy saliendo de la ducha con las mechas mojadas.*

-PatyS: *Uuuuu…con tanta receta haré una mezcla de la mía, con la de tu mamá, la de tu abuelita y la que espero me mande la Lily jaaaa…, espero, espero…de todas haré una.*

-Dany: *dice que su abuelita lo hacía sin huevo.*

-PatyS: *la que tengo yo es sin huevo y sin fruta porque mi abuela la usaba como pan dulce.*

-Dany: *bueno, el Queque lleva huevo, el pan no, ¿o es muy tonto lo que estoy diciendo?*

-PatyS: *jaaaa ¡no!, hay panes caseros que llevan huevo jiii*

-Dany: *uuups…¡me entusiasmé! Me levanto ahora a cocinar.*

-PatyS: *jaaaa, si tienes huevo le echas, si no hay, no le influye al pan. ¡¡¡Noooo!!! sigue regaloneandoooooo con Benja, no te levantes.*

-Dany: *¡mi pobre "DiscurriMarido" está arriba del techo limpiando canaletas! Se le apareció el invierno.*

-PatyS: *jaaaa*

-PatyG: *jaaaaa* (y vuelve a enviar la foto de su pulpito fucsia que ya habíamos visto, pero ella los ama... y escribe):... *terminado, ahora a la ducha.*

-Gabby: *¡lindo PatyG!*

-Dany: *¡lindo!*

-PatyG: *¿Cathy, como estas? ¡Despiertaaaaa!*

-Gabby: *los ojos del pulpo te quedaron top PatyG*

-PatyG: *¡gracias!* (y pone muchas manitos que aplauden como agradecimiento).

PatyS: (también envía muchos aplausos y manitos con pulgar arriba felicitando a PatyG por su lindo pulpo).

Yo sigo leyendo y leyendo los innumerables mensajes que llegan, sin parar de reír, pero aún no doy señales de vida, por eso Dany, aludiendo a mí, comenta:

-Dany: *la perdimos.*

-PatyG: *estamos preocupadas por ti Cathy, ¿cómo estaaaaas? ¡Aloooo amigaaaaa!*

-Berna: *parece que no me conecto con uds. Escribo, ofrezco receta y cri cri, cri cri.*

-PatyS: *Berna dijiste que estabas con el pelo mojado.*

-PatyG: *Berny estoy esperando tu receta. La Dany seguro ya tiene en el horno la mezcla jajaja.*

-Gabby: *es que dijiste que estabas saliendo de la ducha pue'.*

-PatyS: *Berna te contesté que esperaba tu receta también.*

-PatyG: *jaaaaaaa*

-PatyS: *leaaaaa señora… estoy esperandoooooo*

-Berna: *aaaaaahhhhhh yaaaaa*

-Lily: *manda la receta Berna y yaaaa….*

-PatyS: *Sécate el pelo primero.*

-Gabby: *La PatyS dijo que mezclaría todas.*

-Lily: *Concéntrate Berna jajaja…*

-PatyS: *siiiii*

-Lily: *eso jaaaaa*

-PatyS: *jaaa es que hablamos muy rápido*

-Gabby: *¿te duchaste Lily?*

-PatyG: *yo estaba en la ducha esperando tu receta Berna. ¡Quiero pan de miel!...* (y suma muchas caritas con carcajada)

-PatyS: *esperandooooo esperandooooo*

-Lily: *yo en "pelopidas"*

-Dany: *la PatyG ahora se hará experta en pan de miel.*

Dany hace ese comentario, porque a PatyG, cuando se le mete algo en la cabeza, lo hace mil veces hasta la perfección. Es así como logra deliciosas roscas dulces, perfectos chalequitos de bebé, redondos gorros a telar y ahora preciosos amigurumis. Es tan obsesiva que le hemos diagnosticado un TOC: "Trastorno Obsesivo Compulsivo". Hay que reconocer que gracias a ese TOC ella es TOP.

-Gabby: *sí, calladita la PatyG aparecerá con una gran producción de pan de miel debido a sus múltiples ensayos.*

-Dany: *jaaaa*

-PatyS: *A ver a ver, ordenemos la conversación: receta mamá Zepeda, receta abuelita, receta Berna, receta Lily, receta PatyS, haré un pan de miel nuevo wuaaajjjaaaa... MEZCLANDO.*

Y es entonces cuando llega el wsp de Berna, que es una fotografía de la receta escrita a puño y letra de la abuelita:

*1 taza de azúcar,
2 tazas de leche,
4 tazas de harina,
2 cucharadas chicas de mantequilla,
2 cucharadas de miel,
2 cucharaditas de bicarbonato pasas y nueces.
Mezclar la miel con el azúcar, la leche y la mantequilla.
Se agrega harina con bicarbonato y demás ingredientes batiendo.
Se vacía en molde enmantequillado
y al horno por veinte minutos más o menos.*

-PatyS: *¡eeeehhhh gracias!*

-PatyS: *ahora me falta la receta de la señora que dijo andaba en "pelopidas.*

-Gabby: *linda letra la de mi abuela.*

-Lily: *yo, parece que me estoy lavando con miel de tanta receta que llega jajaja.*

-PatyS: *o sea Lily, ¿sigues en pelotas? jaaaa*

-Lily: *pelopidas*

-PatyG: *jaaaa me perdí.*

-Dany: *Lily eso es buenísimo. La miel hace muy bien para el cutis.*

-PatyG: *¿qué es pelopidas?*

-Dany: *bañarse con miel jajajaja*

-Lily: *no avanzo nadaaaa, dejen de escribiiiiir*

-PatyG: *yo tampocooooo*

-Berna: *Pelopidas PatyG significa andar en pelota jajaja…¿Te quedó claro?*

-PatyG: *son un vicio ustedes, no paro de reírme.*

-PatyS: *jaaaaa yo tampoco avanzo nada, estoy tratando de cocinar alcachofas, pero no puedo dejar de leer sus mensajes. Me he reído toda la mañana.*

-Gabby: *yo tampoco avanzo jajaja*

-PatyG: *jaaaaa*

-Gabby: *¿increíble que la Cathy no despierte con todos estos bzzzzbzzzz del celular?*

Y entre tanto mensaje llega una foto, enviada por PatyS, de una tremenda alcachofa en proceso de cocción. Y Berna comenta lo que quiere hacer más tarde.

-Berna: *yo más tarde haré sopaipillas.*

-PatyG: *¡Cathyyyyyyy!*

-PatyS: *ya po' Cathyyyy, ¡da señales!*

-Berna: *la que quiera venga a comer sopaipillas en la tarde.*

-PatyG: *quiero sopaipas*

-Lily: *Parece que a Cathy le quitaron el celular para que descanse.*

-PatyS: *uuuuh cazuela y sopaipillas con pebre, que delicia.*

-Gabby: *Berna ¿tú vas a hacer sopaipillas?*

-Berna: *claroooo*

-PatyG: *'toi' en viña...(*y muchas caritas que lloran porque dada la distancia a la que está de Santiago, no podrá ir a comer sopaipillas donde Berna).

-Berna: *Soy experta*

-Dany: *que ricooooo*

-PatyG: *Ñam ñam ñam*

-Dany: *¡sopaipillas!*

-Gabby: *que ricoooo pero no puedo ir, es el cumpleaños de mi suegra.*

-PatyG:...(manda miles de imágenes festivas de gorros de cumpleaños, notas musicales globos y flores).

-Gabby: *jaaaa*

-Lily: *un abrazo a tu suegra de mi parte.*

-Dany: *Gabby, dale besitos míos también.*

-Gabby: *oki, le diré.*

-PatyG: *¡sí!, un abrazo apretado para tu suegri.*

-Dany: *la Fran* - (su hija) - *viene despertando, llegó anoche después de la 3 de la mañana y me dice que es porque fue a dejar al Pipe a la casa, el leso se quería ir caminando solo* - (Pipe, primo hermano de Fran e hijo de Gabby).

-Gabby: (envía una carita roja de enojo)

-Dany: *mi niña cuidando al primo, ¡es muy linda ella!*

-Lily: *que tierna la prima.*

-Gabby: *Estoy enojada con él, es muy "h...on",* (habla de su hijo usando un modismo que muy a la chilena se refiere a alguien que ha hecho algo demasiado insensato) ... *y debe haber venido bien entonado porque no quiso entrar a saludarme, así es que seguro venía pasado a trago.*

-Dany: *jaaaaa, no lo retes.*

-PatyG: *¡ya! me voy a la ducha porque viene mi yerno y no quiero que me pille en pelopidas.*

-Lily: *¡Brujaaaaa!* (me llama con desesperación y prosigue:) *Mi hijo llegó a las tres de la mañana a saludarme. Me mando unos snapshat muy prendidos en alguna fiesta de por ahí.*

-Gabby: *espero que también él le devuelva el favor a su prima. Y tu niño anduvo anoche por aquí también.*

-Dany: *jaaa así me dijo.*

-Gabby: *esta enorme, crece como hongo.*

-Lily: *… me perdí.*

-PatyS: *¡Lily! estoy esperando la receta.*

-Dany: *ya chao, voy a levantarme a cocinar, me dio envidia la PatyS.*

Y ya son las 11:48am

-Gabby: *se está poniendo los calzones la Lily.*

-PatyS: *jaaaa*

-Berna: *Hoy almorzaré carne al jugo con papas al romero y tortilla de acelga.*

-PatyS: *pucha Cathyyyyyy ¿cómo amanecisteeeee? ¡Da señales de vida poooohhh!*

-Berna: *muchas ensaladas*

-Gabby: *mmmmmmm ricooooo*

-PatyS: *mmmmmmm papas al romero…ñamiñami*

-Dany: *parece que voy a ir a almorzar allá mejor.*

-PatyS: *te cambio: yo me como tu menú y te llevo mi cazuela jaaaaa*

-Berna: *¡vengan! estoy con nana.*

-Lily: *¡aaaaahhh!, buena idea, haré papas al romero.*

-Berna: *Mi nana se aburre en su casa, así es que, aunque es feriado, vino a trabajar.*

-Dany: *a Jano le encantan las tortillas.*

-Gabby: *¡ahhhh! que buena onda esa trabajadora.*

-PatyS: *A Marcelo también le encantan las tortillas, comería todos los días igual que sopas.*

-Berna: *el mejor almuerzo para mí: ensalada con tortilla y sopa.*

-PatyS: *mmmmm ricoooo.*

-Gabby: *mi negro es sopero.*

-PatyS: *estamos bien; los maridos son más o menos parecidos en las comidas.*

-Gabby: *menos un mañosito que no comería de nuestras manos jaaaa.*

-PatyS: *ooooohhhhh...*

-Berna: *mi marido es como la Mafalda, odia la sopa.*

-PatyS: *buuuuu tenemos dos mañosos.*

-Gabby: *no, pero mi cuñi come de todo lo demás.*

-PatyS: *jaaaa como defiende al cuñi.*

-Berna: *siiii es que se aburre de cucharear.*

-PatyS: *yaaaaah chicas, no avanzo, chauuuuu.*

-Gabby: *chauuuuu.*

-Berna: *que te quede todo rico PatyS, ... chaoooo.*

-PatyS: *Más tarde me sentaré para leer todo lo que me perderé.*

La tormenta de mensajes no piensa en acabar. Siguen y siguen las conversaciones cruzadas y la avalancha de fotos de preparaciones para el almuerzo. Y entonces Dany envía una deliciosa foto de arroz con unos camarones en una salsa color naranjo que se ve muy apetitosa. Agrega otro plato, que seguramente es el de fondo, con un pescado a la mantequilla y champiñones salteados. Y las glándulas salivales comienzan a segregar jugos haciéndome agua la boca. Y Dany con total soltura dice:

-Dany: *Este es el menú de hoy. Almuerzo de lujo en dos exquisitas variedades.*
-Lily: *que ricoooooo Dany, top tu menú.*

Y llega otra foto de Dany, esta vez con Jano en primer plano y feliz comiendo de su plato. Pero en esa foto descubrimos su trampa, porque no es precisamente en su casa donde están comiendo esas delicias, los muy frescos están en algún restaurante de Santiago degustando esos exquisitos menús: y dice: "¡uuups se me fue esa foto!!, me delaté".

-Lily: *ooohhh, ¡nos engañaste!*
-Dany: *jaaaaaaa*
-Gabby: *oooooh que bueno se ve eso.*
-Lily: *tramposa…jaaaaaa*

Y siguen llegando las fotos. Gabby envía un plato demasiado *light* compuesto por: dos rodajas de tomate, cinco champiñones, cinco palmitos y un pepinillo. Casi aire. Luego Lily, envía otra imagen con tres trozos de salmón a la mantequilla, acompañados de champiñones. Le suma otra foto de un delicioso platillo de cebiche de camarones que se ve muy apetitoso y dice: *"ese es mi menú"*.

-Gabby: *yo a dieta* (y envía otra foto con una sopa de verduras).

-Lily: *así veo.*

-Gabby: *Lilyyyyyy, que rico ese salmón, ¡es mi plato favorito! Yo estoy con mis exámenes pésimos, así es que estoy castigada. Tengo que bajar el colesterol a full.*

-Lily: *cuando quieras te cocino lo mismo.*

-Gabby: *yaaaaaaaa cuando el doctor me autorice.*

Y de nuevo se acuerdan de mí:

-Gabby: *¡oye! la Cathy ¿qué onda? ¿Estará con fiebre?*

-Lily: *no sé, le mandé un wsp por interno y no contesta.*

-Gabby: *pucha, le escribiré a Pablo para ver qué pasa.*

-Lily: *Vince, le está escribiendo a la Coté, para ver si por ella podemos saber algo.*

-Gabby: *¡ah, buena!*

-Lily: *es de esperar que esté mejor.*

-Dany: *Sí, es muy raro que no conteste nada.*

-Gabby: *¿Le respondió la Cotetita a Vince?*

-Lily: *no ha contestado aún.*

Y mientras se siguen preguntando que pasa conmigo, Dany envía una foto de una gigantesca copa de suspiro limeño. Esta "chanchita" se lo ha comido todo.

-Lily: *¡Ah claro Dany! Dinos que también hiciste tú ese postre.*

-Gaby: *¡oooohhhh ese postre es ideal para mi dieta!* (comentario que hace repleto de caritas con monitos tapándose los ojos)

-Lily: *y mi dieta también, que atroz, jaja.*

-Dany: *jaaaaa*

Y finalmente descubrimos donde está Dany, ya que al mandar una foto con el chocolate que acompaña su café, se ve en el envoltorio el logotipo del restaurante "El Otro Sitio"; un exquisito lugar de comida peruana ubicado en Borde Río, un sector muy exclusivo de Santiago. Es una descarada. Todas cocinando, pensando en recetas y ella en un restaurante dejándose regalonear. En todo caso, lo merece.

Y vuelven a mí:

-Lily: *la Coté me respondió; dice que la Cathy está perfecto.*

-Gabby: *¡ah que bueno! porque le pregunté a Pablo y no contesta.*

-Dany: *¡que buena noticia!*

Aliviadas por mi recuperación en curso, cambian abruptamente de tema:

-Gabby: *¡uuuuuy! cómo sopla el viento.*

-Lily: *...es la pura verdad, así son los políticos....*(y manda un enlace de youtube para que veamos un video. Las invito a verlo, reirán de buena gana: https://www.youtube.com/embed/gf1Ef-2_FxU)

Y ese día desperté sumergida entre recetas, chistes, fotos, senos de Dolly Parton, platos preparados y otros en proceso de cocción. Me entretuve casi una hora. Y después de leerlos todos y reírme sola, le contesté a Gabby desde el celular de Pablo, ya que el mío estaba sin batería:

"Hola Gabby soy Cathy, desde el celular de Pablo. Estoy muy bien, amanecí mejor, mucho mejor, es que nos vinimos al casino Monticello y no he tomado el teléfono porque entre ducha, maletas, remedios y dejar casa organizada para viajar, no había podido leer nada, solo vi que habían 384 wsp jajaja … ¡se pasaron!, ¡record mundial … Ya les responderé a todas. Gracias amiguita por preocuparte."

Y Gabby re envía mi mensaje al grupo diciendo:

"Esto me llegó del celular de Pablo; todo bien".

Y con mi mensaje, que daba señales de vida e informaba sobre mi mejoría, terminaban los "apenas" 384 wsp de la mañana. Debo aclarar, que por ser día festivo (1º de mayo día del trabajador), todas tuvieron tiempo para subirse a ese vertiginoso carro de comentarios que iban y venían.

Son como una adicción; no podemos perdernos esas conversaciones virtuales, porque sería como no haber ido a una de nuestras sesiones de tejido en dónde conversamos sobre recetas, hijos, maridos y … estado climático. Lo más lindo de todo fue sentir el cariño y preocupación que mostraban por mi entre mensaje y mensaje. Todas querían saber sobre esta Dolly Parton chilena, que a Dios gracias, nada tuvo que lamentar.

17
La gran herramienta de este siglo

17
La gran herramienta de este siglo

Hoy por hoy quedarse sin celular es un problema mayúsculo. Tenemos todo en él: contactos, notas, música, fotos, sitios web, innumerables aplicaciones, informe meteorológico, viajes, cámaras de seguridad, calendario, citas agendadas, Instagram, Facebook, Pinterest, Google maps, notas de voz, email, Waze, calculadora, acceso bancario, nivel de contaminación del aire, alarma de tsunami y muuuucho más. Tal vez soy de las pocas personas que tiene sólo algunas aplicaciones, porque de seguro habrá otros que tienen muchísimas más que yo, como por ejemplo Twitter.

Pues bien, como no soy inmune a los accidentes tecnológicos, sufrí uno con mi iPhone que fue desastroso. Mi pobre teléfono inteligente resbaló de mis manos sin darme tiempo a nada, así es que al llegar al suelo (lógicamente el suelo más duro que encontró), su pantalla se hizo mil pedazos quedando en un hermoso color azul eléctrico. En ese momento sentí pánico: ¿qué haría yo sin conexión con las Discurrías? Y peor aún: ¿cuánto tiempo podría durar esto?, ¿de cuántas cosas me perdería? ¡Ah no!, esto no podía estar pasándome. No importaba no poder recibir llamadas o perder la comunicación con clientas y familia, para mí lo más terrible era haber perdido la "DiscurriConectividad" via WSP.

Decidí enviarles un email suplicándoles que no hablaran nada por wsp dado que mi pantalla estaba completamente ilegible. Les rogué que, hasta recuperar la normalidad de mi celular, habláramos vía email. El no poder estar conectada con ellas en la instantaneidad de los chats me hacía sentir:

Desamparada
Desolada
Huérfana
Desconectada
Inválida
Sola
Inerte
Abandonada
Desprotegida
Desenchufada
Desligada
Anulada
Inactivada
...en resumen...
EN EL LIMBO.

A veces el celular nos invade, nos desconcentra e incluso en ocasiones deseamos nunca haber tenido uno, pero la verdad sea dicha, hoy no podemos vivir sin él. Con nuestros hijos es un cordón umbilical, con el mundo es la posibilidad de saber lo que está sucediendo, en un viaje es la herramienta para no perdernos, en las mañanas es nuestro despertador, gracias a él sabemos si vestir abrigados o no, si hay un corte generalizado de luz es nuestra linterna, es la campañilla que nos salva de fechas que no podemos olvidar como cumpleaños o aniversarios, es el álbum de muchas fotos capturadas con su máquina. Éstas son sólo algunas de sus múltiples funciones, pero para mí la más importante es la conexión con nuestras familias y la compañía de las amigas cuando no estamos juntas. La soledad a veces puede ser muy dolorosa y difícil de enfrentar, sin embargo, la posibilidad de contar con un aparato que nos mantenga conectados en forma instantánea con nuestros seres queridos, es un poderoso mecanismo de protección.

La amistad virtual también enriquece vínculos, aunque nada puede reemplazar el vernos cara a cara y darnos un abrazarnos, sin embargo, agradezco tener un teléfono inteligente, pues su tecnología y la conectividad de WhatsApp, me permite mantener el nexo con los que más quiero; mi familia, mis amigos y mis queridas "Discurrías".

Agradecer la amistad

Agradecer la amistad

Queridas "Discurrías", plasmé en estas líneas algo de lo que somos, un poco de nuestras vivencias y de lo bueno y no tan bueno que tenemos, pero que incluso, con esas luces y sombras, logra formar un afiatado grupo de amigas en constante crecimiento.

Este libro es mi regalo de gratitud por hacer más llevadero mi día a día, más alegres mis mañanas y menos solitario el recorrido de esta ruta que, aunque es un camino bastante bien pavimentado, en ocasiones presenta baches que, con ustedes a mi lado, logro esquivar.

Una vez leí algo muy cierto sobre la amistad entre mujeres, texto que me representa y que quiero compartir con ustedes:

"Conferencia en la Universidad de Stanford, USA.

El orador (jefe de psiquiatría en Stanford) dijo, entre otras cosas, que una de las mejores cosas que un hombre puede hacer por su salud es casarse con una mujer, mientras que una mujer, una de las mejores cosas que puede hacer por su salud es cultivar la relación con sus amigas.

Al principio, todo el mundo rió, pero hablaba en serio.

Las mujeres se conectan entre ellas de manera diferente y se proporcionan sistemas de apoyo que las ayudan a lidiar con el estrés y las experiencias difíciles de la vida. Físicamente, la cualidad "tiempo para las amigas" las ayuda a fabricar más serotonina -un neurotransmisor que ayuda a combatir la depresión y puede producir una sensación general de bienestar. Las mujeres comparten sus sentimientos, mientras que los hombres a menudo se relacionan en torno a actividades funcionales. Ellos raramente se sientan con un amigo a hablar de cómo se sienten acerca de cualquier cosa, o cómo va su vida personal. ¿Trabajo? Sí. ¿Deportes? Sí. ¿Autos? Sí. ¿Pesca, caza, golf? Sí. Pero ¿sus sentimientos?, muy pocas veces. Las mujeres lo hacen todo el tiempo. Ellas comparten desde su alma, lo que es muy bueno para su salud". El orador también dijo que "dedicar tiempo con una amiga es tan importante para la salud general como el jogging o ir al gimnasio.

Hay una tendencia a pensar que cuando están "haciendo ejercicio" están haciendo algo bueno para el cuerpo, pero que cuando están hablando con sus amigas, están perdiendo el tiempo y deberían estar ocupadas en algo más productivo. ¡No es cierto! De hecho, - dijo - el no crear y mantener relaciones personales de calidad con otros seres humanos, es tan nocivo para la salud como fumar. Por lo tanto, cada vez que se sienten a charlar con una amiga en una cafetería, dense unos golpecitos en la espalda y felicítense por estar haciendo algo útil para su salud. Y, además, son muy afortunadas... ¡la amistad con sus amigas fortalece sus energías!"

Por eso, ¡que vivan los cafecitos!, pero que vivan aún más, mis queridas DISCURRÍAS, que siempre están ahí, son oreja, compañía, buen consejo, sonrisa y cariño. Gracias por ser como son.

Y a ustedes que me leen les digo: cuiden la amistad, riéguenla con la transparencia de una palabra justa, un mensaje a tiempo, un llamado reiterado, un té humeante, un abrazo apretado, una siesta bajo la sombra fresca de un árbol e incluso en el silencio que, de a dos o más, acaricia los sentidos y nutre la raíz de nuestra existencia.

Otros libros de la autora

"En la Penumbra"

La vida de un hombre en la búsqueda constante de una verdad encubierta por su madre para protegerlo. Mientras lo logra, develando realidades dolorosas, su amor se pondrá a prueba debido a su propia reputación. El escenario: Positano; entorno de riscos y anaranjados atardeceres que enmarcan una historia romántica, intrigante e inesperada.

"Me encantó, muy envolvente, lo leí con esa sensación de "no quiero que se termine" (Paulina Pastene / Lectora).

"Novelaza entretenida desde el inicio hasta el final" (Alfredo Pizza / Lector)

"Muy intensa. Una novela que me atrapó desde la primera página, con una trama tan bien hilada que me ha encantado descubrir." (Emi Gómez Rodríguez / Bloguera Española)

"La fuerza de su herencia"

Una historia familiar que comienza en 1859 con el viaje de Robert Parker Owen, desde Inglaterra a Coquimbo, ciudad que desafiará su amor y perseverancia, valores que legará, junto a una gran basílica, a cuatro generaciones.

"Emocionada hasta las lágrimas. No pude parar hasta terminarlo". (Jacqueline Mewes / Lectora)

"Una historia que los Coquimbanos e hijos de inmigrantes debieran leer". (Lily Perez Zan/ Lectora)

"Sencillo y sin adornos, profundamente real". (Patricio Fuentes / Lector)

"Aprendí, lloré, reí, recordé, viajé y soñé". (Paulina Alarcón / Lectora)

www.catherineparker.cl

www.ingramcontent.com/pod-product-compliance
Lightning Source LLC
Chambersburg PA
CBHW060321050426
42449CB00011B/2591